JN022348

レストランのための
ノンアルドリンク図鑑

柴田書店

はじめに

レストランのドリンクを取り巻く環境が、大きく変わろうとしています。

日本の成人1人あたり酒類販売量は1992年以来減少傾向にあり、飲酒習慣を持つ人口も、20〜29歳では今や男性12.7%、女性3.1%にすぎません*。

健康志向の高まりや、あえてアルコールを飲まない生き方を選択するという動き（Sober Curious／ソバー・キュリアス）」などもあり、今後短期間にアルコール需要が回復する可能性は少ないと考えるべきでしょう。

そんな中で、有望視される商品が創作性の高いノンアルコールドリンクです。バーの世界では一足早くモクテルやローアルコールカクテルがトレンドとなり、専門店も現れました。

まだ新しいジャンルだからこそ、厳密なルールはありません。素材のフレーバーを研究して料理とペアリングするのも、ドリンク単体として完成度を高めるのも自由自在。その可能性は無限大です。

そして、自由だからこそ、料理と寄り添い、お客を満足させられるドリンクをつくるための「道しるべ」が必要ではないでしょうか。

本書は、日本を代表するレストランやバーが考案したノンアルドリンク107品を収録。レシピとともに、味の組立ての法則、素材選びのヒント、失敗しやすいポイント、提供方法の提案まで、余すところなく解説します。

お酒が飲めないから「しかたなく飲む」ものだったノンアルから、「飲みたいから飲む」、必然性のあるノンアルへ。

本書をお供に、広大なノンアルドリンクの世界へ漕ぎ出してみてください。

* …『令和元年（2019年）国民健康・栄養調査報告』厚生労働省より。
「飲酒習慣のある者」とは、週に3回以上飲酒し、飲酒日1日当たり1合以上を飲酒すると回答した者。

CONTENTS

CHAPTER 3
アルコールインスパイア

CHAPTER 4
フルーツ、野菜、スパイス

CHAPTER 5
発酵

レシピを読みはじめる前に

〔分量について〕
• 基本的にmL（ミリリットル）単位で表記しています。
• 1人分と記してあるものは1杯分、まとめてつくるものは
仕込みの総量を記しています。
• ドリンクの材料の配合を等分表記する場合があります
（1/2、1/3など）。
• 分量の単位表記は次の通りです。
大さじ1 = 15mL、小さじ1 = 5mL
1tsp = 約5mL、1dash = 約1mL、
1drop（1滴）＝ 約1／5mL

〔材料、その他について〕
• 市販品のシロップやコーディアルなどは、基本的にメー
カー名と商品名を記しています
• 「ジュース」は製品になっている果汁飲料。果実から搾っ
た果汁は「レモン果汁」のように記しています。
• 湯は、とくに記述がなければ沸かした熱湯を使います。
• 氷はアイスキューブを指し、クラッシュアイスは砕いた氷
を指します。
• 「スコービー」は、酢酸菌・酵母菌からなるコンブチャの
菌株を指します。

———

本書は、下記の弊社刊行物に掲載した内容を元に、新規撮影を加えて再構成したものです。

『月刊専門料理』2022年3月号、同10月号、2023年7月号
『居酒屋2021』
『café-sweets』219号

CHAPTER 1
スパークリング

ゴールデンレモンタイムのシャンパーニュ

［ペアリング例］
発酵トマトと青ユズ果汁でマリネした揚げナスにシャインマスカットとピオーネなどを添えた、清涼感のある前菜

夏のコースの最初に提供することを想定した、シャンパーニュをイメージしたドリンク。「エルダーフラワーにはシャインマスカットのような華やかさがあり、コーディアルに使うクエン酸やレモン果汁が料理の柑橘の酸とリンクします」（野田氏）。

［調理担当］
野田（野田雄紀）

01

［材料 (つくりやすい分量)］
ゴールデンレモンタイムのコーディアル (60mLを使用)
　　ゴールデンレモンタイム … 50g
　　水 … 400mL
　　ハチミツ … 200g
　　クエン酸 … 大さじ1
エルダーフラワーのコーディアル (10mLを使用)
　　エルダーフラワー … 20g
　　水 … 200mL
　　キビ砂糖 … 100g
　　レモン果汁 … 1／2個分
カモミール (乾燥) … 0.5g
緑茶の茶葉 … 0.5g
レモンタイム (乾燥) … 5g
白コショウ (粒) … 5粒
熱湯 … 90mL

［作り方］
01 … ゴールデンレモンタイムのコーディアルをつくる。鍋に水、ハチミツを入れて沸騰させ、粗熱をとってからクエン酸を加え、ゴールデンレモンタイムを浸ける。1日おいたら漉して保存する。
02 … エルダーフラワーのコーディアルをつくる。鍋に水、キビ砂糖を入れて沸騰させ、粗熱をとってからレモン果汁を加え、エルダーフラワーを浸ける。1日おいたら漉して保存する。
03 … カモミール、緑茶の茶葉、レモンタイム、白コショウに熱湯を注いで3分間おき、そのまま氷水に当てて3分間冷やす。漉す。
04 … 03に01を60mL、02を10mL合わせてソーダマシンに注ぎ、炭酸ガス (分量外) を注入して発泡させる。
05 … グラスに04を40mL注ぐ。

シャンパンとパイナップルグラニテ
ジャスミンコンブチャ・パイナップル・マーガオ・黒文字・ローリエ

［ペアリング例］
ゴーヤのタルト、カカオバターと金柑のゼリーを添え
たブーダン・ノワールなど

旬のフルーツとアルコール分を飛ばしたシャンパー
ニュのグラニテにコンブチャと炭酸水を合わせ、美し
くキメ細かな泡が生じる仕立てに。今回は、ジャスミ
ンティーとパイナップル風味のコンブチャにハーブや
スパイスを「二次発酵のイメージで」漬け込んで使用
した。

［調理担当］
ユマニテ（石崎優磨）

02

［材料］（1人分）

ジャスミンコンブチャのドリンク（20gを使用）
ジャスミンコンブチャ

　ジャスミンティーの茶葉 … 20g

　水 … 1L

　グラニュー糖 … 150g

　スコービー … 適量

パイナップルの芯や端材 … 80g

馬告 … 5g

クロモジ（漢方食材）… 3g

ローリエ（生）… 2枚

パイナップルとシャンパンのグラニテ（80mLを使用）

パイナップルの果肉 … 20g

アルコールを抜いたシャンパーニュ* … 300g

仕上げ

炭酸水 … 40mL

馬告 … 少量

＊ … 抜栓して残っているシャンパーニュや気の抜けたものを熱してア
ルコール分を飛ばしたもの。

［作り方］

ジャスミンコンブチャのドリンク

01 … ジャスミンコンブチャをつくる。ジャスミンティーの
茶葉を容器に入れ、水とグラニュー糖を合わせて沸かし
たものを注ぐ。5分間ほど蒸らす。

02 … 01を漉して常温まで冷まし、スコービーを入れる。
pHが下がった前回の残りのコンブチャがあれば加え（分
量外）、ガーゼと輪ゴムなどで口を覆い、約1週間常温に
置く。

03 … 02がほんのりと甘ずっぱくなった頃合いでスコー
ビーを取り出し、漉す。真空パックにして冷蔵保存する。
すぐに使わない場合は冷凍保存する（コンブチャの仕上がり
はpH3〜4が理想。不安な時はリトマス試験紙でチェックする）。

04 … フィルター付きのボトルに適宜切ったパイナップ
ルの芯や端材、馬告、クロモジ、ローリエを入れ、03を
注ぎ入れる。冷蔵庫に3日間以上置く。

パイナップルとシャンパンのグラニテ

01 … パイナップルの果肉を適宜切る。

02 … 01とアルコールを抜いたシャンパーニュをミキサー
で撹拌してピュレ状にし、シノワで漉す。

03 … 02を冷凍する。

仕上げ

01 … シャンパーニュグラスにパイナップルとシャンパンの
グラニテ20gを入れる。

02 … 01にジャスミンコンブチャベースのドリンク80mL
を注ぎ入れる。

03 … 02に冷やした炭酸水を注ぎ、馬告を挽きかける。

あじさいソーダ

［ペアリング例］
青リンゴのグラニテをかけた赤エビとソラマメのサラダ

初夏のアジサイのような鮮やかな青紫色のドリンク。トマトウォーターにバタフライピーを加えて煮出し、炭酸水で割る。試験管に入れたライム果汁をお客自身に注ぐようにすすめ、赤紫色への色の変化を体験してもらう。

［調理担当］
IZA（芝先康一）

03

［材料］（1人分）
あじさいソーダのベース（10gを使用）
トマトウォーター* … 430g
バタフライピー（花の乾燥）… 4g
バタフライピーシロップ … 50g
仕上げ
炭酸水 … 30g
ライム果汁 … 10g

＊ … ヘタを取り、ざく切りにしてミキサーにかけたトマトをリードペーパーを敷いたザルにあけ、一晩かけて漉したもの。

［作り方］
あじさいソーダのベース
01 … トマトウォーターを鍋に入れ、バタフライピーを加えて煮出す。5分間蒸らして漉す。バタフライピーシロップを加えて甘みを足し、冷ましておく。
仕上げ
01 … ワイングラスにあじさいソーダのベース10gと炭酸水を注ぐ。
02 … ライム果汁を入れた試験管を試験管立てに置き、01とともに提供する。お客自身で試験管のライム果汁を注いで飲むように伝える。

アールグレイトニック

04

［ペアリング例］
柑橘類を使った料理など

アールグレイのお茶にライムとミントを加えてさわや
かに仕上げたこの品は、「夏になると英国人がよく飲
むという、アールグレイトニックをイメージしたもの」
（芝先氏）。芝先氏は、このように世界の飲みものを文
献やネットで調べてアイデアを得ることも多い。

［調理担当］
IZA（芝先康一）

［材料（1人分）］

アールグレイ（25gを使用）

　紅茶の茶葉（フランス「クスミティー」製のアールグレイ）… 6g

　湯（90℃）… 400g

　トニックウォーター … 30mL

氷 … 適量

ライム（スライス）… 1枚

ミントの葉 … 2枚

［作り方］

01 … アールグレイをつくる。紅茶の茶葉に湯を注ぎ、5
分間蒸らす。漉す。粗熱をとり、冷蔵庫で冷やす。

02 … 01とトニックウォーターを合わせる。

03 … ワイングラスに氷とライムを入れ、ミントの葉を手で
叩いてから加える。02を注ぐ。

パッションフルーツ ティムル
キャラメル アールグレイ カーボネイト

［ペアリング例］
—

アールグレイをネパールのスパイス、ティムルと水出しし、グレープフルーツジュースやパッションフルーツのピュレと合わせた。キャラメルシロップでシャンパーニュに通じる香ばしさを加え、炭酸ガスを提供前日に注入することで、きめ細かな泡をつくる。

［調理担当］
The SG Club（後閑信吾・永峯侑弥）

05

［材料（1人分）］
アールグレイ＆ティムルティー（80mLを使用）
　紅茶の茶葉（アールグレイ）… 4g
　ティムル* … 1g
　水 … 300mL
グレープフルーツジュース … 30mL
パッションフルーツのピュレ … 10mL
キャラメルシロップ … 4mL

＊ … ネパールで用いられるミカン科サンショウ属の実を乾燥させたスパイス。香りは花椒に似るが、柑橘香が強い。ティムールとも。

［作り方］
01 … アールグレイ＆ティムルティーを淹れる。容器に紅茶の茶葉、ティムル、水を入れて冷蔵庫に置き、24時間かけて水出しする。漉す。
02 … 容器に01、グレープフルーツジュース、パッションフルーツのピュレ、キャラメルシロップを合わせて混ぜる。炭酸ガス（分量外）を注入して冷蔵庫に1日置く。
03 … シャンパーニュグラスに02を120mL注ぐ。

ザクロビヤー

06

［ペアリング例］
ホロホロ鳥のバロティーヌとルバーブのジャムを挟ん
だ最中

ノンアルビールとザクロヴィネガーの組合せに、「シャ
ンディガフ」のイメージでジンジャーヴィネガーを加え
た。ホロホロ鳥とルバーブのジャムのもなかに合わ
せるのが同店の定番。「軽い食感のもなかにビール
の発泡感がよく合い、甘ずっぱいジャムとザクロの風
味がマッチします」（田中氏）。

［調理担当］
ラペ（田中智人・松本一平）

［材料（1人分）］

ジンジャーシロップ（5mLを使用）

　新ショウガ（和歌山県産。細切り）… 600g
　シナモンスティック（適宜折る）… 3本
　レモン（半割）… 5個分
　クローヴ … 10粒
　グラニュー糖 … 1.44kg
　水 … 3.6L
　キャラメル* … 500g

ノンアルコールビール … 100mL

ザクロヴィネガー … 25mL

＊… 鍋にグラニュー糖300gと水100mLを入れて弱火で加熱し、茶
色く色づいたら湯100mLを加えて混ぜ合わせたもの。

［作り方］

01 … ジンジャーシロップをつくる。キャラメル以外の材
料を鍋に入れて沸かし、弱火で約3時間煮出す。漉す。

02 … キャラメルの鍋に01を少量加えてのばした後、す
べて混ぜ合わせて1時間煮る。

03 … 02を一晩置いて、漉す。冷蔵庫で冷やす。

04 … ステンレス製のピッチャーに、冷やしたノンアルコー
ルビール、ザクロヴィネガー、1tspのジンジャーシロップ
を順に注ぎ入れる。

05 … ワイングラスに04を注ぐ（ペアリングの場合は50mL）。

ピノデシャラント

07

［ペアリング例］
フォワグラのテリーヌをゴーフレットで挟んだ品、ソースにマデラやポルトなどの洋酒を使った品

未発酵のブドウ果汁にコニャックを添加して熟成させる酒精強化ワイン「ピノー・デ・シャラント」に、色、風味ともに寄せた一杯。ブランデーの香りに合う料理全般と相性がよく、フォワグラ料理や洋酒を使ったソースの料理などに幅広く合わせられる。

［調理担当］
ラペ（田中智人・松本一平）

［材料］（1人分）
炭酸水 … 50mL
スパークリングブドウジュース（Guy PINARD「レジ・ブルー ビオ」[*1]）… 50mL
アルコールを抜いたブランデー[*2] … 20mL

＊1 … フランス・コニャック地方産のスパークリングブドウジュース。コニャックの材料となる白ブドウのユニ・ブラン種の果汁に炭酸ガスを注入している。
＊2 … ブランデーを加熱し、アルコール分を完全に飛ばしたもの。

［作り方］
01 … 材料はすべて冷蔵庫で冷やす。ステンレス製のピッチャーに炭酸水、スパークリングブドウジュース、アルコールを抜いたブランデーを順に注ぎ入れる。
02 … ワイングラスに01を注ぐ（ペアリングの場合は50mL）。

ぺPS!コーラ

［ペアリング例］
牛肉のパティやエビカツと生の桃をバンズに挟んだ
「桃バーガー」、フォワグラを挟んだゴーフレットなど

自家製コーラシロップを炭酸水とクラッシュアイスで
割ったオリジナルのコーラ。夏に提供する桃尽くしの
コースの中の「桃バーガー」に合わせてつくったもの
で、市販のコーラよりもスパイシー感を強調して、コ
クのある甘みと発泡感が楽しめるようにした。

［調理担当］
ラペ（田中智人・松本一平）

08

［材料］（1人分）

コーラシロップ（35mLを使用）
　クローヴ … 24g
　カカオニヴ … 30g
　カルダモン（粒）… 30g
　シナモンスティック（適宜折る）… 10g
　コリアンダー（粒）… 20g
　ヴァニラビーンズ（適宜折る）… 1本
　レモン（スライス）… 8個分
　レモングラスの葉（生）… 30g
　ハイビスカスティーの茶葉 … 10g
　グラニュー糖 … 1.6kg
　水 … 2.4L
　キャラメル* … 580g
炭酸水 … 75mL
クラッシュアイス … 適量

＊ … 鍋にグラニュー糖360gと水120mLを入れて弱火で加熱し、茶
色く色づいたら湯100mLを加えて混ぜ合わせたもの。

［作り方］

01 … コーラシロップをつくる。キャラメル以外の材料を
鍋に入れて沸かし、弱火で約3時間煮出す。漉す。

02 … キャラメルの鍋に01を少量加えてのばした後、す
べて混ぜ合わせて1時間煮る。

03 … 02を一晩置いて、漉す。冷蔵庫で冷やす。

04 …「ぺPS!」のシールを貼ったプラスチックカップにク
ラッシュアイスをたっぷり入れる。

05 … 04に炭酸水、コーラシロップ35mLを順に加え、
軽く混ぜ合わせる。蓋をし、ストローを挿す。

季節の柑橘2種類の茶葉

［ペアリング例］
山菜のタルトなど、春〜初夏の季節感を表現する
コース最初の料理

河内晩柑と烏龍茶（四季春茶）を合わせ、さらに酸味
と独特の香りが特徴の台湾茶（微酸金萱）を加えて真
空で2日間ほどおき、仕上げに炭酸ガスを注入して
提供する。「一見シンプルですが実は手の込んだ品
です」（児島氏）。

［調理担当］
白井屋ザ・レストラン（児島由光・片山ひろ）

09

［材料（つくりやすい分量）］
河内晩柑 … 適量
烏龍茶の茶葉（台湾産「四季春茶」）… 10g
湯 … 200mL
水 … 800mL
台湾茶の茶葉（リーフワイン「微酸金萱」*）… 8g

＊ … 台湾・新北市で生産される青茶で、発酵途中で真空にすること
で生まれる酸味が特徴。

［作り方］
01 … 河内晩柑の皮と薄皮をむいて種を取り除き、果実
をハンドブレンダーで撹拌する。漉す。
02 … 烏龍茶の茶葉に湯を注いで抽出し、茶葉が開くま
で蒸らす。
03 … 02に水を加え、半日ほど冷蔵庫で置く。漉す。
04 … 01と03を1：1の割合で合わせる。
05 … 04と台湾茶の茶葉を真空パックにして、48時間冷
蔵庫に置く。漉す。
06 … 150mLの05をソーダマシンに入れ、炭酸ガス（分
量外）を注入して発泡させる。ステムの長いワイングラスに
注ぐ。

ティースパークリング

10

［ペアリング例］

カルパッチョなどの魚料理やサラダなど前菜系の料理全般

うまみのあるインドの紅茶ニルギリを水出しし、柑橘系のハーブティーと合わせて炭酸ガスを注入。「料理との相性は比較的万能ですが、馬肉のタルタルをのせたラスクなど、一皿で多様な食感を楽しめる料理であれば炭酸のはじける泡感とよりマッチします」（亀井氏）。

［調理担当］

sio（亀井崇広・鳥羽周作）

［材料（約40杯分）］

紅茶の茶葉（南インド産「ニルギリ」*）… 30g

ミネラルウォーター（軟水）… 2.5L

レモン（高知市の「みかん家にしごみ」産）… 2個

ローズマリー（生）… 2枝

オレンジフラワー（乾燥）… 2g

ハチミツ … 30g

熱湯（100℃）… 1L

＊ … 標高2000mの茶畑にて収穫されたものを使用。

［作り方］

01 … 容量2.6L以上の容器に紅茶の茶葉、ミネラルウォーターを入れ、5℃以下の冷蔵庫で48時間抽出する。漉す。

02 … レモン1個を皮ごとスライスし、もう1個は果汁を搾る。

03 … 耐熱ポットに02、ローズマリー、オレンジフラワー、ハチミツを入れて熱湯を加え、常温で冷ましてから冷蔵庫で冷やす。漉す。

04 … 01と03を混ぜ合わせ、ソーダマシンのボトルに移して炭酸ガス（分量外）を注入する（ハチミツなどによって液体に粘度があり一度に注入すると泡がこぼれるため、短時間の注入を数回くり返して十分にガスを注入する）。

05 … ソーダマシンの蓋をしたままボトルを軽くふり、その泡が消える（液体になじむ）まで冷蔵庫で冷やす。

06 … 05を小ぶりなリースリンググラスに80〜90mL注ぐ。

煎茶スパークリング

11

［ペアリング例］
揚げ物、海藻をはじめとするヨード香のある料理

煎茶と炭酸水だけだと香りや色が抽出しにくいため、
最初に茶葉に湯をたらして香り、色を引き出すのが
ポイント。「塩漬けのサクラの花などを合わせて抽出
してもよいと思います」（櫻井氏）。食事の冒頭はもち
ろん、ドリンクの流れに変化をつけるためにコース中
盤で提供するのもよい。

［調理担当］
櫻井焙茶研究所（櫻井真也）

［材料］（3人分）
煎茶の茶葉（深蒸し煎茶の粉茶＊）… 4g
湯 … 少量
炭酸水 … 270mL
氷 … 適量

＊ … 炭酸水を使う場合は、色や香りが抽出されにくいので、茶葉を
細かくきざんだ粉茶を使うとよい。ここでは鹿児島県産「ゆたかみど
り」の深蒸し煎茶を使用。通常よりも長時間蒸しており、青々とした香
りと緑豆のようなうまみ、甘みが感じられる。

［作り方］
01 … 急須に煎茶の茶葉を入れて湯をたらし、30秒間
置く。
02 … 01の急須に炭酸水、氷を加え、軽くゆする。
03 … グラスに02を90mL注ぐ。

ジャスミン茶

［ペアリング例］
カツオの藁焼きにワラビ、ラッキョウ、焼きナスなど
を合わせ、貝と野菜のだしのヴィネグレットで和えた
前菜

えぐみが出ないように48時間かけて水出ししたジャ
スミン茶に炭酸ガスを注入して、シャンパーニュの提
供温度と同じ7〜8℃で提供する。茶葉は青心烏龍
がベースで、咲きはじめの一番香りが強いジャスミン
花で香りづけし、発酵させたもの。華やかな香りとマ
スカットのような果実感が楽しめる。

［調理担当］
NéMo（寺島唯斗・根本憲一）

12

［材料］（約10人分）
ジャスミン茶の茶葉（台湾・南投県産）… 14g
浄水 … 800mL

［作り方］
01 … ポットにジャスミン茶の茶葉、茶葉が浸る程度の浄
水（分量外）を入れ、ぐるぐると混ぜて3分間ほど置き、水
を捨てる。
02 … 01に分量の浄水を加えて蓋をし、冷蔵庫で48時
間抽出する。漉して冷蔵庫でよく冷やす。
03 … 02を提供直前にソーダマシンのボトルに移し、炭
酸ガス（分量外）を注入し、シャンパーニュグラスに80mL
注ぐ。提供温度は7〜8℃に調整する。

トロピカルティーソーダ

［ペアリング例］
マンゴーのクレープなど、季節のフルーツを主軸に
したさわやかな甘みのデザート

夏摘みのダージリンで抽出した、しっかりとコクのあ
る紅茶がベース。そこに、ペアリングするデザートで
風味づけに使ったパイナップルとパッションフルーツ
の要素を配合した。「シェフがお客さまの前にグラス
を置いてサイフォンで絞るので、場が盛り上がりま
す」（室之園尚美氏）。

［調理担当］
フュージブル（室之園尚美・室之園俊雄）

13

［材料（約5人分）］
紅茶（ダージリン セカンドフラッシュ）… 250mL
パイナップルのフレッシュジュース … 75mL
パッションフルーツシロップ … 15mL

［作り方］
01 … すべての材料をサイフォン（エスプーマ スパークリング
専用ボトル）に入れ、炭酸ガス（分量外）を充填して冷やす。
02 … サイフォンから適量の01をグラスに注ぐ。

ソルティライチソーダ

14

［ペアリング例］
牡蠣、海藻、パッションフルーツ、キヌアなどを合わせたさっぱりとした夏の前菜

夏のコースの1杯目を想定した、すっきり、さっぱりとしたドリンク。牡蠣と海藻、パッションフルーツを合わせた料理にペアリングするため、風味をリンクさせることをイメージして、海のミネラル感がある塩をグラスにつけてソルティドッグ風に仕立てた。

［調理担当］
フュージブル（室之園尚美・室之園俊雄）

［材料］（1人分）

ライチジュース … 35mL

ミントの葉 … 5g

レモン … 適量

塩 … 適量

氷 … 適量

ミントの葉と花（飾り用）… 適量

炭酸水 … 35mL

［作り方］

01 … ライチジュースにみじん切りにしたミントの葉を入れて真空にかけ、冷蔵庫で一晩おく。漉して冷やしておく。

02 … 提供用のグラスの縁の外側に、カットしたレモンの断面をすりつける。逆さにして、皿に盛った塩をまぶしつけ、グラスを軽くふるって余分な塩を落とす。

03 … 02に氷と飾り用のミントの葉と花を入れ、01と炭酸水を注ぎ入れる。

ヴィッチーカタランスダチ

［ペアリング例］
タイの料理「カノムチンサウナーム」をベースにした
麺料理。スープはココナッツミルクとナンプラーベー
スで、パイナップルなどをトッピングする

スペインの天然炭酸水にスダチを加えたシンプルなド
リンク。タイ風ココナッツ冷やし麺に合わせて提供す
る。辛みや甘みを重ねた麺を食べた後にひと口飲む
と、温泉水由来の独特の風味と料理のミネラル感や
酸が合わさり、「構成要素が少ない中でも、おもしろ
いペアリングができます」（森枝氏）。

［調理担当］
CHOMPOO（森枝 幹・高橋秀征）

15

［材料］（1人分）
天然発泡水（ヴィッチーカタラン）＊ … 60mL
スダチ（輪切り）… 1枚

＊ … スペイン・カタルーニャ州の温泉地で採水した中軟水の天然微炭
酸ミネラルウォーター。独特の甘みと塩味が融合した個性的な味わい。

［作り方］
01 … よく冷やした天然発泡水をグラスに注ぎ、スダチを
浮かべて軽くかき混ぜる。

CHAPTER 2
お茶とコーヒー

台湾茶 ディル タラゴン 酢橘

［ペアリング例］
サーモンのフライなど、ハーブ入りのソースと相性が
よい料理

ソースのように料理に寄り添い、ハーブの香りを楽し
むことを狙った水出しジャスミン茶。「まかないのサー
モンフライに添えてあったタルタルソースが発想源」
（児島氏）で、ディルやエストラゴンでタルタルソース
の風味を、スダチとキウイフルーツでその酸味を表
現した。

［調理担当］
白井屋 ザ・レストラン（児島由光・片山ひろ）

01

［材料（つくりやすい分量）］
ジャスミン茶の茶葉（リーフワインの「ジャスミン杉林渓」）…
　10g
水 … 1L
ディル … 2g
エストラゴン … 2g
キウイフルーツ … 適量
仕上げ
　ディル … 適量
　エストラゴン … 適量
　スダチ（くし切り）… 適量

［作り方］
01 … ジャスミン茶の茶葉を水に入れて、48時間かけて
水出しする。漉す。
02 … 01にディルとエストラゴンを加え、ハンドブレンダー
で撹拌する。漉す。
03 … 皮をむいたキウイフルーツをミキサーでまわし、冷
凍庫で凍らせる。
04 … 03を手で砕き、リードペーパーを敷いたシノワに置
く。冷蔵庫に入れ、一晩かけてゆっくりと漉す。
05 … 02に04を少量入れて酸味と苦みを調節する。
06 … 05を冷蔵庫に入れ、温度が9℃ほどになるまで冷
やす。
07 … 仕上げ用のディルとエストラゴンを詰めたティーポッ
トに06を入れる。
08 … グラスにスダチを入れて、07をお客の目の前で注ぐ。

黒文字

02

［ペアリング例］
主菜の前の魚料理など、リフレッシュが必要なタイミングで

群馬・川場村で摘んだクロモジの葉と枝を煮出してトマトウォーターと合わせた一杯。「群馬に自生するクロモジの香りを最大限に生かすことでこの地を感じていただきたいと考え、あえてシンプルに仕立てました」（児島氏）。グラスの上のクロモジは、香りを楽しんだ後、手でよけて飲むようにすすめる。

［調理担当］
白井屋ザ・レストラン（児島由光・片山ひろ）

［材料］（つくりやすい分量）
水 … 1L
クロモジの枝と葉（群馬・川場村産）*1 … 200g
トマトウォーター*2 … 適量

＊1… 季節によってクロモジの香りは変化するため分量は調節する。
＊2… ヘタを取り、ざく切りにしてミキサーにかけたトマトをリードペーパーを敷いたザルにあけ、一晩かけて漉したもの。

［作り方］
01 … 鍋に水を沸かし、適宜に折ったクロモジの枝と葉を入れて30分間ほど煮出す。漉す。
02 … 01とトマトウォーターを1：1の割合で合わせる。
03 … 02を真空パックにして、冷凍庫で保存しておく。
04 … 03を真空パックのまま水にさらしてゆっくり解凍する。
05 … 04をカクテルグラスに注ぐ。上にクロモジの枝と葉（分量外）をのせる。クロモジの枝と葉の香りを楽しんでから、手でよけて飲むようにすすめる。

金萱夏至

［ペアリング例］
ハモとグリーンアスパラガス、ニョッキにフォン・ド・ヴォライユとパルミジャーノのソースを合わせた品

きれいなうまみと苦みを持つ、夏至前に収穫した台湾の「金萱夏至」を水出しした。ハモと野菜を合わせた温前菜に合うよう、約10℃で提供する。「完全発酵によりえぐみがそぎ落とされた金萱夏至のほのかな苦みが、料理のうまみを引き立てて長い余韻を生みながら、最後は口中をすっきりとさせてくれます」（寺島氏）。

［調理担当］
NéMo（寺島唯斗・根本憲一）

03

［材料（約13人分）］
台湾茶の茶葉（台湾・南投県名間郷産「金萱夏至」）… 14g
浄水 … 800mL

［作り方］
01 … ポットに台湾茶の茶葉、茶葉が浸る程度の浄水（分量外）を入れてぐるぐると混ぜ、水を捨てる。
02 … 01に分量の浄水を加えて蓋をし、冷蔵庫で48時間抽出する。漉して冷蔵庫で保管する。
03 … 02を白ワイングラスに60mL注ぐ。提供温度は10℃前後に調整する。

静7132

04

［ペアリング例］
小鳩のロースト 赤ワインソースなど

緑茶「静7132」をフレッシュな風味が残るぎりぎり
まで炒り、客前で急須に移して、炒りたて・淹れたて
で提供。静7132は赤ワインの樽香の香り成分でも
ある「クマリン」を含み、かつ油脂分を中和するカテ
キンもある程度豊富なので、「赤ワインソースを添え
た肉料理と相性がよいと思います」（寺島氏）。

［調理担当］
NéMo（寺島唯斗・根本憲一）

［材料］（2人分）
煎茶の茶葉（静岡・藤枝産「静7132」）… 6g
熱湯（100℃）… 一煎あたり160mL

［作り方］
01 … 焙烙（ほうろく）に煎茶の茶葉を入れ、中火にかけて
ゆすりながら、茶葉が膨らんで白っぽくなってくるまでゆっ
くりと炒る。
02 … 01の茶葉の一部が褐色になりはじめたら火から下
ろす。
03 … 02の焙烙、急須、熱湯を客前に運び、茶葉を急
須に移し、熱湯を注いで蓋をする（焙烙の余熱で茶葉の加熱
が進むため手早く行う）。
04 … 03を30秒間ほど抽出し、茶器に注ぐ。

ロゼ茶

05

［ペアリング例］
魚介料理、トマトやパプリカ、チーズを使った料理など

フルーティーな酸味を持つザクロ風味のハイビスカス
ティーと、水出しの東方美人茶の組合せ。ハイビス
カスは「うまみも感じられるためドリンクの味わいに
奥行きを出すことができ、また昆布を思わせる香り
が魚介と好相性」（亀井氏）。酸味やうまみに親和性
がある野菜など、前菜系の軽やかな仕立ての料理に
も合う。

［調理担当］

sio（亀井崇広・鳥羽周作）

［材料（約80人分）］

烏龍茶（1人分30mLを使用）

　烏龍茶の茶葉（台湾産「東方美人」）… 40g

　湯（90℃）… 500mL

　ミネラルウォーター（軟水）… 2L

ザクロハイビスカスティー（1人分10mLを使用）

　ザクロの実 … 1個分

　ハイビスカス（乾燥）… 2g

　ローズヒップ（乾燥）… 4g

　セージの葉（生）… 1枚

　ハチミツ … 30g

　熱湯（100℃）… 1L

［作り方］

01 … 烏龍茶を淹れる。容量2.6L以上の容器に烏龍茶
の茶葉を入れ、90℃の湯を加えて20～30秒間置いて
香りを出す。

02 … 01にミネラルウォーターを加え、5℃以下の冷蔵庫
で48時間抽出する。漉す。

03 … ザクロハイビスカスティーをつくる。耐熱ポットにザ
クロの実、ハイビスカス、ローズヒップ、セージの葉、ハ
チミツを入れる。100℃の熱湯を注いで蓋をし、常温で
冷ましてから冷蔵庫で冷やす。漉す。

04 … グラッパグラスに02を30mL、03を10mL入れて
かき混ぜる。

和紅茶いずみ（福岡八女）

［ペアリング例］
酢豚や魚介系の炒めもの、スパイスをきかせた品

華やかさを持つ和紅茶「いずみ」に、ゲヴュルツトラ
ミネールのイメージでバラの花びらやローズゼラニウ
ムで香りを重ね、トカイワインヴィネガーで酸を添え
た。「バラの香りは油脂と相性がよく、中国料理やオ
リエンタルな料理と合わせると効果的です」（亀井氏）。

［調理担当］
sio（亀井崇広・鳥羽周作）

06

［材料］（1人分）
和紅茶（80〜90mLを使用）

| 和紅茶の茶葉（福岡県・八女産「いずみ」）… 40g
| ローズペタル（バラの花びらの乾燥品）… 2g
| レモンバーム（乾燥）… 3g
| ローズゼラニウムの葉（生）… 5〜6枚
| 湯（90℃）… 300mL
| ミネラルウォーター（軟水）… 2.2L
仕上げ
| ハチミツ入りトカイワインヴィネガー* … 15mL

＊ … ハンガリー産トカイワインヴィネガーにその1割の重量のハチミ
ツを加えて混ぜたもの。

［作り方］
01 … 和紅茶を淹れる。容量2.6L以上の耐熱容器に和
紅茶の茶葉、ローズペタル、レモンバーム、ローズゼラニ
ウムの葉を入れ、湯を加えて30秒間置き、香りを出す。
02 … 01にミネラルウォーターを加え、5℃以下の冷蔵庫
で48時間抽出する。漉して保管用ポットに移し、冷蔵庫
で保管する。
03 … リースリンググラスに02を80〜90mL注ぎ、仕上
げ用のハチミツ入りトカイワインヴィネガーを加えて混ぜる。

凍頂烏龍茶

07

［ペアリング例］
生の魚やイカを用いた料理、甲殻類の料理

水出しの凍頂烏龍茶にグレープフルーツで果実感を加え、ハチミツで酸味と苦みを和らげて五味のバランスをととのえた。幅広く受け入れられやすい味わいだが、「発酵した茶葉による蜜のような甘い香りもあるので、口直しの一杯としてもよいでしょう」（亀井氏）。

［調理担当］
sio（亀井崇広・鳥羽周作）

［材料（約45人分）］
烏龍茶（1人分55mLを使用）
　烏龍茶の茶葉（台湾産「凍頂烏龍茶」）… 25g
　湯（90℃）… 300mL
　ミネラルウォーター（軟水）… 2.2L
グレープフルーツシロップ（1人分5.5mLを使用）
　グレープフルーツ … 1個
　ヴェルヴェーヌ（乾燥）… 3g
　ディル（生）… 2本
　ハチミツ … 30g
　熱湯（100℃）… 1L

［作り方］
01 … 烏龍茶を淹れる。容量2.6L以上の耐熱容器に烏龍茶の茶葉を入れ、90℃の湯を加えて45秒間ほど置く。
02 … 01の茶葉が開いてきたらミネラルウォーターを加え、5℃以下の冷蔵庫で48時間抽出する。漉して保管用ポットに移し、冷蔵庫で保管する。
03 … グレープフルーツシロップをつくる。グレープフルーツを横に半割にして果汁を搾る。残った果肉を取り出し、種を取り除く。
04 … 耐熱ポットに03のグレープフルーツ果汁と果肉、ヴェルヴェーヌ、ディル、ハチミツ、100℃の熱湯を入れて蓋をし、常温で冷ましてから冷蔵庫で冷やす。漉す。
05 … 背の低いステム付きウイスキーグラスに02を55mL、04を5.5mL入れてかき混ぜる。

釜炒りべにふうき（静岡）

［ペアリング例］
魚介とハーブやスパイスを使ったオリエンタルな料理

釜炒りべにふうき茶の水出しに、オーガニックの甘ずっぱい白ブドウジュースと、ティムル風味のフレーバーウォーターを加えた。「私はティムルの香りに南国を感じるので、オリエンタルな料理に合わせることも。チョコレートやチーズを使ったデザートとも香りの相性がいいです（亀井氏）。

［調理担当］
sio（亀井崇広・鳥羽周作）

08

［材料］（約45人分）

べにふうき（1人分55mLを使用）

　釜炒り緑茶の茶葉（静岡県産「べにふうき」）… 30g
　湯（90℃）… 1L
　ミネラルウォーター（軟水。5℃）… 1.5L

ティムルとブドウのエキス（1人分5.5mLを使用）

　ティムル（東京・豪徳寺の「スンニャ」より仕入れたもの）… 2g
　熱湯（100℃）… 100mL
　ミネラルウォーター（軟水。常温）… 600mL
　白ブドウジュース（オーストリア産。有機）… 適量

［作り方］

01 … べにふうきを淹れる。容量2.6L以上の耐熱容器に釜炒り緑茶の茶葉を入れ、90℃の湯を加えて2分間ほど置いて香りを出す。

02 … 01に5℃のミネラルウォーターを加え、5℃以下の冷蔵庫で48時間抽出する。漉す。

03 … ティムルとブドウのエキスをつくる。耐熱ポットにティムルを入れ、100℃の熱湯を加えて10秒間ほど置いて香りを出し、常温のミネラルウォーターを加えて冷蔵庫で冷やす。漉す。

04 … 03と白ブドウジュースを3：1の割合で混ぜ合わせる。

05 … 日本酒グラスに02を55mL、04を5.5mL入れてかき混ぜる。

ネパールブラックティー、特級プーアル茶

［ペアリング例］

肉料理

イメージは、「肉料理に合う、複雑なフレーバーの重なった赤ワイン」（亀井氏）。ネパールのブラックティーのフローラルな香りとカカオ様の香ばしさで華やかさを演出し、プーアル茶で土っぽさやうまみの要素を加えた。茶葉は渋みのカドが取れるよう、48時間以上水出しして「冷涼なタンニン感」を表現する。

［調理担当］

sio（亀井崇広・鳥羽周作）

09

［材料］（約29人分）

ブラックティーとプーアル茶（1人分85mLを使用）

　プーアル茶の茶葉（中国産特級プーアル茶）… 20g

　ブラックティーの茶葉（ネパール・クワパニ茶園産）… 50g

　湯（90℃）… 300mL

　ミネラルウォーター（軟水）… 2.2L

コショウとトンカ豆のエキス（1人分15mLを使用）

　黒粒コショウ … 10g

　トンカ豆 … 2粒

　ブラウンカルダモン（「スンニャ」より仕入れたもの）… 2粒

　熱湯（100℃）… 500mL

ガストリック（1人分5mLを使用）

　グラニュー糖 … 300g

　熱湯（100℃）… 300mL

　フランボワーズヴィネガー … 40mL

　カカオヴィネガー（神奈川・鎌倉の「メゾンカカオ」製）…
　　20mL

［作り方］

01 … ブラックティーとプーアル茶を淹れる。容量2.6L以上の耐熱容器にプーアル茶の茶葉を入れ、かぶるくらいの90℃の湯（分量外）を加えてさっと混ぜ、すぐに湯を捨てる。

02 … 01にブラックティーの茶葉を入れ、90℃の湯を加えて30秒間ほど置いて香りを出す。ミネラルウォーターを加え、5℃以下の冷蔵庫に3日間以上置いて抽出する（タンニンのカドが取れたら使用し、茶葉を入れたまま保管する）。

03 … コショウとトンカ豆のエキスをつくる。耐熱ポットに黒粒コショウ、トンカ豆、ブラウンカルダモンを入れ、熱湯を加えて蓋をし、常温で1時間ほど置く。漉して保管用ポットに移し、冷蔵庫で冷やす。

04 … ガストリックをつくる。鍋にグラニュー糖を入れて火にかけ、色づいたら熱湯を加えて混ぜ、色づきを止める。フランボワーズヴィネガー、カカオヴィネガーを加えてひと煮立ちさせ、冷まして冷蔵庫で保管する。

05 … ブルゴーニュタイプのワイングラスに漉した02を85mL、03を15mL、04を5mL程度入れてかき混ぜる。

ルイボスティー・発酵ドライトマト・スマック・サフラン・実山椒・ドライ苺

［ペアリング例］

ブイヤベース、コース中盤の魚介料理

ブイヤベースとの相性を考えた一杯。南仏でよく飲まれるロゼワインと色が似たルイボスティーに、トマトやサフラン、ドライイチゴを漬け込んだ。ドライイチゴはノンシュガーだが甘い風味が感じられるもの。「ノンアルは甘い品が続きがちなので、肉料理の手前で舌をリセットさせる効果も狙っています」（石崎氏）。

［調理担当］

ユマニテ（石崎優磨）

10

［材料（つくりやすい分量）］

ルイボスティー

| ルイボスティーの茶葉 … 15g

| サフラン … 0.5g

| 熱湯 … 800mL

発酵ドライトマト[*1] … 10g

スマック … 2g

実山椒 … 3粒

イチゴのチップ[*2] … 2g

＊1 … 塩水に漬けて乳酸発酵させたトマトをミキサーにかけ、紙漉しして透明な液体をとった後の固形物を食品乾燥機で乾燥させたもの。
＊2 … イチゴを輪切りにして食品乾燥機で乾燥させたもの。

［作り方］

01 … ルイボスティーを淹れる。ティーポットにルイボスティーの茶葉とサフランを入れ、熱湯を注ぎ、3分間蒸らす。
02 … フィルター付きのボトルに発酵ドライトマト、スマック、つぶした実山椒、イチゴのチップを入れる。01を漉して注ぎ入れ、粗熱がとれたら冷蔵庫に3日間以上置く。
03 … 02をシェリーグラスに60mL注ぐ。

ハイビスカス・ブドウ・黒コショウ・クローヴ・ローストピーマン・ミント＋根セロリ・和紅茶

［ペアリング例］
肉料理

冷たいハイビスカスティーベースのドリンクと、約40℃に冷ました紅茶を合わせて香りを立たせた。メインの肉料理に合わせる赤ワインのイメージで、ブドウ、黒コショウやクローヴのスパイス、ドライのピーマンやミント、ローストした根セロリの皮などを加えて複雑な風味を出している。

［調理担当］
ユマニテ（石崎優磨）

11

［材料（つくりやすい分量）］

ハイビスカスベースのドリンク（1人分30mLを使用）

ハイビスカスティーの茶葉 … 15g

水 … 1L

グラニュー糖 … 150g

ブドウ（巨峰。入手できない時季はデラウェア） … 30g

黒コショウ（粒） … 1g

クローヴ（粒） … 3粒

ローストピーマン*1 … 3g

ミントの葉 … 2g

根セロリ・和紅茶（1人分30mLを使用）

和紅茶の茶葉（京都・茶縁の製品） … 5g

根セロリの皮のチップ*2 … 3g

熱湯 … 200mL

＊1 … 小ぶりのピーマンをオーブンで香ばしくなるまでローストした後、食品乾燥機で乾燥させたもの。

＊2 … 根セロリの皮を160℃のオーブンで香ばしい香りになるまでローストしたもの。

［作り方］

ハイビスカスベースのドリンク

01 … ハイビスカスティーの茶葉を容器に入れ、水とグラニュー糖を合わせて沸かしたものを注ぐ。色と風味が抽出されるまで5分間ほど蒸らす。

02 … 01を漉して常温まで冷ます。

03 … フィルター付きのボトルに、皮ごと軽くつぶしたブドウ、黒コショウの粗挽き、クローヴ、ローストピーマン、ミントの葉を入れ、02を注ぎ入れる。冷蔵庫に3日間以上置く。

根セロリ・和紅茶

01 … 急須に和紅茶の茶葉と根セロリの皮のチップを入れ、熱湯を注ぐ。2〜3分間置いて抽出し、40℃くらいまで冷ます。

仕上げ

01 … ハイビスカスベースのドリンク30mLと根セロリ・和紅茶30mLを混ぜ、ワイングラスに注ぐ。

ハイビスカス／オレンジ／黒糖

［ペアリング例］
新タマネギに甘エビ、ウニ、セミドライトマトなどを
合わせた前菜

「当店でお出しする新タマネギの料理に合わせるオ
レンジワインに近い要素のノンアルドリンクをつくりま
した」(本橋氏)。水出しのハイビスカスティーの「尖っ
た酸味」に、オレンジ果汁の「丸い酸味」を加えて
立体感を出し、黒糖でバランスを調整。酸味を生か
すため5℃に冷やして提供する。

［調理担当］
JULIA（本橋健一郎・nao）

12

［材料（つくりやすい分量）］
ハイビスカスの花（沖縄県産。乾燥）… 5g
水 … 500mL
オレンジ果汁 … 1個分（約65g）
黒糖（沖縄県産）… 10g

［作り方］
01 … ハイビスカスの花と水を合わせ、一晩水出しする。
漉す。
02 … 01にオレンジ果汁を加える。黒糖を入れてよく混
ぜ、甘みを足す。
03 … 02をワイングラスに60mL注ぐ。

黒文字、ルイボスティーエスプレッソ、白桃

［ペアリング例］
赤パプリカのスパゲッティー

スパイシーなトーンが出るクロモジを約2時間煮出し、アクセントとしてエスプレッソマシンで抽出したルイボスティーを合わせた。「この『ルイボスティーエスプレッソ』の甘みと香ばしさが、スパイス感と甘みのある料理に寄り添う構成です」（桑原氏）。

［調理担当］
FARO（桑原克也）

13

［材料（つくりやすい分量）］

黒文字茶
クロモジ茶の茶葉[1] … 10g
水 … 1L

ルイボスティーエスプレッソ
ルイボスティーエスプレッソ[2] … 適量
水 … 適量

白桃の発酵ジュース
桃（白桃）… 適量
砂糖 … 桃の重量の15％量
クローヴ … 少量
水 … 適量

＊1 … クロモジの枝と葉を細かく断裁して乾燥させたもの。
＊2 … エスプレッソマシンでの抽出用に、微細な粉末に加工されたルイボスティーの茶葉。

［作り方］

黒文字茶
01 … クロモジ茶の茶葉と水を合わせて2時間ほど煮出す。
02 … 01を漉して冷ます。

ルイボスティーエスプレッソ
01 … ルイボスティーエスプレッソをエスプレッソマシンで抽出する（ダブルエスプレッソ1回につき茶葉14gを使用。それを何回かくり返して約100gの抽出液をつくる）。

白桃の発酵ジュース
01 … 桃の種を取り、適当な大きさに切って袋に入れる。砂糖、クローヴ、被る程度の水を加えて真空にし、室温で1日半程度おいて発酵させる。
02 … 01をスロージューサーで搾る。

仕上げ
01 … 黒文字茶、ルイボスティーエスプレッソ、白桃の発酵ジュースを3：2：5の割合で合わせ、冷蔵庫に入れて冷やす（1〜2日間で使いきる）。
02 … ワイングラスに01を40mL注ぐ。

タイティーみりん

14

[ペアリング例]
グリーンカレーペーストにエビ、ズッキーニを合わせ
た品など、スパイシーな料理

料理の辛みをマイルドにさせることを狙った、甘い香
りが特徴のドリンク。ベースとなるタイティーは茶葉に
ヴァニラ香がついており、本来は煮出すが、苦みを
抑えるために氷出しに。「甘みそのものではなく、タ
イティーのヴァニラ香やミリンのキャラメル香をドリン
クにのせるイメージです」(森枝氏)。

[調理担当]
CHOMPOO(森枝 幹・高橋秀征)

[材料](約6人分)
タイティーの茶葉* … 90g
氷 … 600mL分
ミリン(愛知県・碧南市の小笠原味醂醸造「みねたから」)…
　50mL

＊ … 紅茶の茶葉にヴァニラの香料が添加されたタイ産の茶葉。現地
ではミルクやコンデンスミルクなどを加えて甘くして飲む。

[作り方]
01 … ポットにタイティーの茶葉を入れて上から氷を入れ、
常温において氷を溶かしながら24時間ほどかけて抽出
する。
02 … 01とミリンを合わせる。
03 … グラスに02を100mL注ぐ。

古樹茶

15

［ペアリング例］
黒毛和種の経産牛のステーキ

ステーキに合わせるためのドリンクで、タンニンに注
目してプーアル茶を選択。熱湯で淹れたプーアル茶
に、乾燥キノコやクリの皮などを入れて香り豊かに煮
出した。熱々のステーキと一緒に口にした時に、口
内で旨みをもっとも感じる30℃となることをイメージ
し、15℃で提供する。

［調理担当］
CAINOYA（塩澤隆由）

［材料（つくりやすい分量）］
古樹茶（200mLを使用）

　古樹プーアル茶葉 … 5g

　クロモジ … 1g

　クローヴ … 2粒

　熱湯（100℃）… 400mL

ポルチーニ … 適量

マイタケ … 適量

クリの渋皮 … 適量

［作り方］

01 … 古樹茶を淹れる。古樹プーアル茶葉、クロモジ、ク
ローヴを鍋に入れて100℃の熱湯を注ぎ、常温で6時間
ほどおく。漉す。

02 … ポルチーニ、マイタケ、クリの渋皮を適宜に切り、
63℃の食品乾燥機で一晩乾燥させる。

03 … 200mLの01に02の3素材を2gずつ入れ、5℃
の冷蔵庫で一晩冷やす。

04 … 03を65℃・湿度100％のスチコンで、液体の中心
温度が65℃に達するまで加熱する。

05 … 04を20分間ほど常温におき、充分に温度が下
がったら紙漉しする。

06 … 05を15℃まで冷まし、適量をグラスに注ぐ。

アブサン／抹茶／スカッシュ

［ペアリング例］
ハーブやスパイスを使った料理。もしくは、ハーブの
要素をドリンクによって補完したい料理にも

ニガヨモギなどのハーブが香るリキュール「アブサ
ン」をイメージしたノンアルコールジンがベース。そ
の「緑っぽいフレーバー」からの発想で、抹茶と合
わせて透明と緑、二層のドリンクに仕立てた。「抹茶
の質と鮮度が香りの決め手。私は一番茶を用いて、
専用のマシンで提供直前に淹れています」(高橋氏)。

［調理担当］
Low-Non-Bar (高橋弘晃・反町圭佑)

16

［材料］(1人分)
ノンアルコールジン (ノンアルコールジン・ネマ 0.00% アブサン[＊1])
　… 30mL
ライム果汁 … 15mL
シロップ (カリブ) … 10mL
炭酸水 … 45mL
抹茶[＊2] … 30mL
氷 … 適量

＊1 … アブサンの風味を模したノンアルコールジン。ニガヨモギやフェ
ンネルなど9種類のボタニカルと、八ヶ岳山麓の湧き水を原料に造ら
れている。
＊2 … 抹茶茶葉 (碾茶) 0.5gと水30mLを専用の機器 (CUZEN
MATCHA) で抽出したもの。

［つくり方］
01 … 氷を入れたグラスにノンアルコールジン、ライム果
汁、シロップを注ぎ、マドラーで混ぜる。
02 … 01に炭酸水を注ぐ。
03 … 02に、2層になるように抹茶を静かに注ぐ。

桃抹茶

［ペアリング例］
牛ランプ肉とアワビを合わせ、アワビの肝のソース
を添えた料理

テクスチャーをテーマにした料理とのペアリング用に
考案したドリンク。和牛とアワビという異なる食材を
同じ食感にまとめた料理に対し、ドリンクでは逆に、
食感にムラのある桃のピュレをマーブル状に注ぎ、飲
む方向や口に含む量によって異なる舌触りが感じら
れる立体感のある一杯とした。

［調理担当］

aki nagao（蝶野絵里子・長尾彰浩）

17

［材料］（10人分）

桃のピュレ * … 250g（約1個分）

グレープフルーツ果汁 … 65〜70g（桃の酸度で調節）

シロップ … 0〜5g（桃の糖度で調節）

抹茶 … 1.5g

水 … 150g

＊ … 熟した桃の皮と種を取って真空にかけ、沸いた湯に3〜5分間
入れて加熱し、冷やす。この中身を撹拌して漉したもの。

［作り方］

01 … 桃のピュレとグレープフルーツ果汁を混ぜ合わせる。
甘みが足りなければ、シロップを加え混ぜる。

02 … 抹茶と水をタンブラーに入れて混ぜる。

03 … グラスに25gの01を入れてから15gの02をマー
ブル状になるよう注ぎ、混ぜずに提供する。

梅ルイボスティー

18

[ペアリング例]

蒸したキンキに3種のオイルのソース（ガラムマサラ、パプリカ、バジル）を流したエスニック風味の魚料理

料理に合わせるオレンジワインを参考にした仕立て。ベースのルイボスティーに自家製梅シロップと梅果肉を合わせ、さらにコーヒー豆を浸けて、香りに奥行きを出した。「この品に限らずノンアルドリンクでは、料理に対して糖度が高くなりすぎないように意識しています」（蝶野氏）。

[調理担当]

aki nagao（蝶野絵里子・長尾彰浩）

[材料]（約10人分）

ルイボスティー（400gを使用）

ルイボスティーの茶葉 … 3g

水 … 500g

梅のシロップと果肉（200gを使用）

熟した生の梅 … 120g（7〜8個分）

水 … 300mL

砂糖 … 30〜60g

仕上げ

コーヒー豆 … 3粒

シナモンパウダー … ひとつまみ

[作り方]

ルイボスティー

01 … 水を沸かし、ルイボスティーの茶葉を入れて10分間ほど煮出す。漉して急冷する。

梅のシロップと果肉

01 … 熟した生の梅の皮をふいてから梗（梅の実に残った茎の部分）を取り、半割にして種ごと鍋に入れる。

02 … 01に水と砂糖を加えて沸かし、弱火で30分間ほど煮て急冷する。液体部分を「シロップ」、果肉部分を「果肉」として取り分け、シロップと果肉を1：2の割合で合わせる。

仕上げ

01 … ルイボスティー400g、梅のシロップと果肉200g、コーヒー豆を合わせて30分間浸ける。

02 … 01からコーヒー豆を取り出し、シナモンパウダーを加え、一晩冷蔵庫でねかせる。

03 … 02を漉してグラスに注ぐ。

阿波晩茶と柚子と生姜

19

[ペアリング例]

前菜盛合せなど、さまざまな食材が盛り込まれた品

阿波晩茶の発酵のニュアンスに、ショウガのスパイシーさと柑橘の香りを合わせた。白和えなど甘みとクリーミーさのある料理とのペアリングを想定しているが、「阿波晩茶はどのような味わいとも合いやすいので、さまざまな食材が一皿に盛り込まれた前菜などにもよいと思います」（櫻井氏）。

[調理担当]

櫻井焙茶研究所（櫻井真也）

[材料（9～10人分）]

茶葉（阿波晩茶*）… 10g

ユズの皮 … 1/4個分

ショウガ（すりおろし）… 15g

水 … 1L

＊ … 徳島県原産の後発酵茶。加熱・揉捻の後に乳酸菌発酵の工程を経ることで、独特の甘酸っぱい風味が生まれる。阿波番茶とも。同じ後発酵茶に高知県の碁石茶、愛媛県の石鎚黒茶があるが、これらは真菌と乳酸菌の二段階発酵を経るため、阿波晩茶とは製造方法が若干異なる。

[作り方]

01 … 容器にすべての材料を入れて、8～12時間かけて水出しする。漉す。

02 … ワイングラスに01を90mL注ぐ。

釜炒り茶と大葉と酢橘

［ペアリング例］
サワラの幽庵焼きや肉の焼きものなど

釜炒り茶とオオバ、スダチのスライスを一晩水出しした。魚の幽庵焼きや肉の照り焼きといった動物性の油脂や醤油のうまみを引き立て、オオバの香りでさわやかに締めくくる。オオバをバジルなどに置き換えれば、ホワイトソースやオリーブオイルを使った洋風の料理にも対応できる。

［調理担当］
櫻井焙茶研究所（櫻井真也）

20

［材料（9〜10人分）］
釜炒り茶の茶葉*… 10g
オオバ … 4枚
スダチ（スライス）… 1/2個分
水 … 1L

＊ … 直火で熱した鉄の釜で炒ってから、揉み、乾燥させた茶葉のこと。主に九州で生産されている。風味が香ばしく、後味がすっきりしているのが特徴。

［作り方］
01 … 容器にすべての材料を入れて冷蔵庫に置き、8〜12時間かけて水出しする。漉す。
02 … ワイングラスに 01 を 90mL 注ぐ。

紅焙じ茶と蕗の薹

［ペアリング例］
ソースを添えた肉料理、牛肉の炭火焼きなど

「フキ味噌」のような苦みと甘みが混ざり合った、複雑な味わいのブレンド。ほうじ茶に同量の国産紅茶を合わせて味の厚みを出し、熱湯で抽出することで乾燥フキノトウのコクや香りを強く引き出している。「香りの構成は赤ワインに通じるものがあるので、肉料理に合わせやすいです」（櫻井氏）。

［調理担当］
櫻井焙茶研究所（櫻井真也）

21

［材料］（3人分）
ほうじ茶の茶葉（鹿児島県産「おくみどり」）… 2g
紅茶の茶葉（宮崎県産「みねかおり」）… 2g
フキノトウ（乾燥）… 1g
熱湯 … 270mL

［作り方］
01 … 急須にほうじ茶と紅茶の茶葉、フキノトウを入れ、熱湯を注いで1分間置く。
02 … 耐熱ガラスの器に01を90mL注ぐ。

煎茶と甘夏と木の芽

22

［ペアリング例］
白身魚の刺し身や昆布締めなど

白身魚の刺身や昆布締めと合わせることを考えた一杯。うまみの強い玉露ではなく、清涼感のある煎茶を甘夏、木ノ芽と合わせて一晩水出しした。甘夏の風味で魚の生臭さを洗い流し、木ノ芽の香りで季節を感じてもらう。木ノ芽を西洋ハーブに変えて、カルパッチョに合わせるといった応用も可能だ。

［調理担当］
櫻井焙茶研究所（櫻井真也）

［材料（9〜10人分）］
煎茶の茶葉（岐阜県東白川村産「やぶきた」）… 15g
アマナツ … 1/4個
木ノ芽 … 8枚
水 … 1L

［作り方］
01 … アマナツは皮をむいて果肉を取り出し、皮の白い部分は取り除く。
02 … 容器に煎茶の茶葉、01のアマナツの果肉と皮、木ノ芽、水を入れて冷蔵庫に置き、8〜12時間かけて水出しする。漉す。
03 … ショートカクテルグラスに02を90mL注ぐ。

包種茶とスイカ

23

［ペアリング例］
甘く炊いた小豆とともに

櫻井氏の店で夏期限定で提供している、スイカバーをイメージしたドリンク。烏龍茶の中でも発酵度が低い包種茶を抽出し、これで抹茶を点てたものを、スイカ果汁と2層になるように注ぐ。甘く炊いた小豆を添えれば、よりいっそうスイカバーの味わいに近づく。

［調理担当］
櫻井焙茶研究所（櫻井真也）

［材料］（1人分）
包種茶（180mLを使用）
　包種茶の茶葉* … 4g
　熱湯 … 80mL
抹茶 … 1g
スイカ果汁 … 180mL
塩 … 適量
氷 … 適量

＊ … 包種茶は半発酵茶である烏龍茶の一種で、中でも発酵度が低い青茶の茶葉。今回使ったのは宮崎県産「ミナミサヤカ」のもの。茶葉をしおれさせて軽く発酵させる萎凋（いちょう）によって生じる、桃のような甘やかな香りが特徴。

［作り方］
01 … 包種茶を淹れる。急須に包種茶の茶葉を入れて熱湯を注ぎ、1分間ほど置いて抽出する。数煎出す。
02 … 器に抹茶を入れ、01を注ぎ入れて茶筅で点てる。
03 … リムに塩をつけたグラスに氷を入れ、スイカ果汁を注ぐ。さらに02を注ぐ。

阿波晩茶＋すぐき

［ペアリング例］
身欠ニシンと揚げナスの炊合せ

乳酸発酵によるさわやかな酸味を持つ阿波晩茶に、同じく乳酸発酵のすぐきの漬け汁を隠し味として加えた。「にしん茄子」のような甘辛い料理に酸味を添えてさっぱりさせる、"対比"のペアリングの一品。「阿波晩茶は少し濃いめに淹れてほのかな苦みを持たせると、より心地よくすっきりします」(紗里氏)。

［調理担当］
てのしま（林 紗里・林 亮平）

24

［材料］（約4人分）
阿波晩茶の茶葉 … 4g
熱湯 … 150mL
冷水 … 200mL
すぐきの漬け汁＊ … 小さじ1

＊ … すぐきの漬物を仕込む際ににじみ出てくる液体を使用。塩気と発酵由来の酸味がある。

［作り方］

01 … 阿波晩茶の茶葉を急須に入れて熱湯を注ぎ、そのまま常温になるまで冷ます。

02 … 01に冷水、すぐきの漬け汁を加え、混ぜる。

03 … 02を漉して冷蔵庫で冷やす（すぐきの漬け汁が入手できない時季は、01の阿波晩茶の茶葉にすぐきを10gほど加えて、熱湯を注ぎ常温になるまで冷ました後、冷水を混ぜて漉して冷やす）。

04 … グラスに03を80mL注ぐ。

武夷岩茶＋山葡萄

［ペアリング例］
鴨の腿肉のカツレツ＋巨峰を加えた照り焼き風のタレ

鴨料理と合わせるために考案したドリンク。鴨の血の
味はお茶のタンニンだけでは受け止めきれないため、
ポリフェノールを多く含み渋みのある山ブドウを合わ
せた。「ドリンク単体で飲むと少しえぐみがあります
が、料理と合わせるとしっくり合います」（紗里氏）。

［調理担当］
てのしま（林 紗里・林 亮平）

25

［材料（つくりやすい分量）］
武夷岩茶の茶葉（大紅袍）* … 4g
熱湯 … 100mL
氷 … 適量
山ブドウのストレート100％ジュース（岩手県の㈱佐幸本
　店「完熟山のきぶどう」）… 大さじ1

＊ … 中国・福建省武夷山で生産される良質な烏龍茶。「岩茶の王
様」と称される大紅袍の原木は希少で、原木から挿し木して育てられ
た大紅袍のものを使用。

［作り方］
01 … 岩茶の茶葉を急須に入れ、熱湯100mL（分量外）
を注ぎ入れ、すぐに捨てる。再び熱湯を加え、約2分間
おいて風味を抽出する。
02 … 01を氷を入れた容器に注ぎ、急冷する。
03 … 02に山ブドウのストレート100％ジュースを加え混
ぜ、グラスに80mLを注ぐ。

山うど茶＋一番だし

26

［ペアリング例］
煮穴子の飛龍頭＋天然キノコと一番だしの餡

日本酒の「だし割り」をヒントに、熱々の山ウド茶を
一番だしで割った。「山ウド茶は、初めて飲んだ時
にあまりのうまみの強さに衝撃を受けたほど。うまみ
の豊富な料理と合わせれば、多様なうまみが広がる
"同調" のマリアージュが生まれます」（紗里氏）。

［調理担当］

てのしま（林 紗里・林 亮平）

［**材料**（約5人分）］
山ウド茶の茶葉 ＊ … 4g
熱湯 … 240mL
一番だし … 約160mL

＊ … 野生の山ウドの葉をばらし、カラカラになるまで自然乾燥させた
自家製品。

［**作り方**］

01 … 山ウド茶の茶葉を急須に入れて熱湯を注ぎ、約2
分間おいて風味を抽出する。

02 … 01を容器に注ぎ、一番だしを合わせる。

03 … 猪口に02を80mL注ぐ。

ゴボウのチャイ

27

[ペアリング例]
キクイモ、ゴボウ、レンコンなど根菜を使った料理

濃いめのゴボウ茶やショウガと豆乳を合わせたチャイ。
「ゴボウ茶は通常の3倍ほどの濃度で抽出して、ひ
と口飲むとゴボウが持つ土っぽさや風味をしっかりと
感じられる仕立てをめざしました」(芝先氏)。リムに
つけた「バニラ塩」の塩気と香りがアクセント。

[調理担当]
IZA(芝先康一)

[材料 (つくりやすい分量)]
ゴボウのチャイ
水 … 300g
ゴボウ茶の茶葉 … 3g
ショウガ (皮ごとすりおろしたもの) … 5g
バニラ塩* … 1g
豆乳 … 100g
グラニュー糖 … 10g
仕上げ
レモン … 適量
バニラ塩 … 適量
氷 … 適量

＊ … バニラビーンズの種と塩 (イタリア・シチリア産) を混ぜ、バニラ
ビーンズのサヤを入れて1年間置いたもの。

[作り方]
ゴボウのチャイ
01 … 鍋に水を入れて沸かし、火を止める。ゴボウ茶の
茶葉、ショウガ、バニラ塩を加えて16分間蒸らす。漉す。
02 … 01と豆乳、グラニュー糖を合わせて混ぜる。
仕上げ
01 … グラスの縁の右手前側にカットしたレモンの断面を
すりつける。グラスを逆さにして、皿に盛ったバニラ塩を
まぶしつける。
02 … 01のグラスに氷を入れ、ゴボウのチャイをグラスの
高さの1/4程度まで注ぐ。

フンティー

［ペアリング例］
フォワグラとイチゴ、求肥を合わせた甘味のある前菜

中国で漢方として重宝される「蚕沙」（蚕のフン）から着想を得て、千葉・佐倉で飼育された蚕のフンや桑の葉を乾燥させて焙煎し、煮出した。店ではイチゴと求肥のデザートに合わせており、「イチゴ大福とお茶という定番の組合せから発想を広げ、お客さまに新しい体験を届けることを狙いました」（杉岡氏）。

［調理担当］
プレゼンテ スギ（杉岡憲敏）

28

［材料（16〜17人分）］
蚕（千葉・佐倉の農家「ハタムグリ」にて飼育されているもの）のフン … 3g
水 … 500g

［作り方］
01 … 蚕のフンを目の粗いザルでふるい、不純物を取り除く。この時、細かいサイズの桑の葉が入っていてもよい。
02 … 01を乾燥させ、密封容器などに入れて1年間常温でねかせる。
03 … 02をフライパンで香ばしくなるまで煎る。
04 … 鍋で水を沸かして火を止め、03を入れて蓋をし、5分間蒸らす。漉す。
05 … 04を60〜70℃に調節してワイングラスに30mL注ぐ。

デキャフェ・焼ナス皮・バニラ・クローヴ・トンカ豆・カカオニブ

［ペアリング例］
焼きナス入りのフランを使った温前菜

料理に使ったナスの炭火焼きの、残った皮を乾燥させて甘い香りのスパイスを混合。提供直前に挽きたてのデカフェのコーヒー豆と同割で合わせ、ハンドドリップする。淹れたてのコーヒーのかぐわしさに甘いスパイスと焼きナスの皮の苦みや燻香がとけ合う。

［調理担当］
ユマニテ（石崎優磨）

29

［材料（約4人分）］
デカフェのコーヒー豆[＊1] … 8g
焼きナスの皮とヴァニラの混合パウダー[＊2] … 8g
湯（90℃）… 200mL

＊1 … カフェインレスのコーヒー豆。岐阜・中津川の「リバーベッドコーヒー ブルーア＆ロースタリー」の「エチオピア・シダモ G2 ウォッシュド デカフェ」を使用。
＊2 … 焼きナスの皮30g、ヴァニラビーンズ1本、クローヴ3粒、トンカ豆1粒、カカオニブ5gを合わせてミルサーで粉末にしたもの。焼きナスの皮は、炭火で焼いたナスの皮をむき、皮を食品乾燥機で乾燥させてつくる。

［作り方］
01 … デカフェのコーヒー豆をミルにかけて中細挽きの粉末にする。
02 … 01と焼きナスの皮とヴァニラの混合パウダーを合わせて、コーヒー用のペーパードリップにセットする。
03 … 02に湯を注いで、抽出する。
04 … 03をワイングラスに50mL注ぐ。

コーヒー／ホエイ／ジンジャー

［ペアリング例］
デザートや食後の小菓子とともに

エスプレッソトニックを解釈し直した一品。「そのまま
だとジン、エスプレッソ、ジンジャーエールがばらば
らな印象ですが、ホエーの乳酸発酵の香りが加わる
ことで一気にまとまりが出てきます」（高橋氏）。水出
しエスプレッソは、金属フィルターで漉すことで油分
も余さず落とし、コクのあるフレーバーを引き出す。

［調理担当］
Low-Non-Bar（高橋弘晃・反町圭佑）

30

［材料（1人分）］
ノンアルコールジン（GINNIE 東京ドライ ノンアルコールジン[*1]）
　… 30mL
水出しエスプレッソ[*2] … 10mL
ホエイ[*3] … 30mL
ジンジャーエール … 適量
氷 … 適量

＊1 … Low-Non-Bar が監修・開発したノンアルコールスピリッツ。ロ
ンドンドライジンの製法を用い、ジュニパーベリーなど6種類のハーブ
に加え、ジャスミン茶、橙、クロモジなど和の要素を合わせて蒸留し
たもの。
＊2 … エスプレッソ用コーヒーパウダーと水を1：6の割合で合わせ、
一晩冷蔵庫におく。これを金属製のフィルターで漉したもの。
＊3 … 市販のヨーグルトを自然に水切りした液体を使用。

［つくり方］
01 … 氷を入れたグラスにノンアルコールジン、水出しエ
スプレッソ、ホエイを注ぎ、マドラーで混ぜる。
02 … ジンジャーエールを注ぐ。

ゲイシャ

31

［ペアリング例］

—

ゲイシャ種のコーヒー豆のフローラルな香りをイメージ
し、エスプレッソとジャスミン茶、パイナップルジュー
スを合わせてシェイク。コーヒーとお茶というボーダー
レスな組合せによって複層的な味わいをつくった。温
度変化に応じて立ち上る香りが変化する構成だ。

［調理担当］

フォークロア（南雲主宇三・佐藤由紀乃）

［材料（1人分）］

ジャスミン茶（50mLを使用）

　ジャスミンティーの茶葉 … 4g

　熱湯 … 150mL

パイナップルの果肉 … 40g

エスプレッソ（ゲイシャ）* … 5mL

レモンジュース … 5mL

シロップ … 5mL

氷 … 適量

＊ … ゲイシャ種のエスプレッソを通常の方法で抽出し、急冷したもの。

［作り方］

01 … ジャスミン茶を淹れる。ジャスミンティーの茶葉に熱
湯50mLを注ぎ、3分間置いて抽出する。同じ方法で三
煎まで出し、すべてを合わせて急冷する。

02 … パイナップルの果肉をミキサーで破砕し、ザルに入
れて漉す。漉しとった果汁を取りおく。

03 … シェイカーに01、02、エスプレッソ、レモンジュー
ス、シロップ、氷を入れてシェイクし、マティーニグラスに
注ぐ。

CHAPTER 3
アルコールインスパイア

マンゴーとフレッシュコリアンダーと台湾茶のオレンジワイン

［ペアリング例］

レモン風味のカボチャ煮付け イチジクの葉のクリーム

カボチャの料理に合わせる、料理と同系色のドリンク。台湾茶にマンゴー、乾燥アンズ、コリアンダーなどを浸して風味を抽出し、発酵パイナップルのジュースで複雑な香りをまとわせる。「よりフレッシュなつくり方を探る中で見つけた、自分なりの抽出法です」と野田氏。

［調理担当］

野田（野田雄紀）

01

［材料（約3人分）］

発酵パイナップルジュース（1人分7mLを使用）

　パイナップル … 適量

マンゴー … 100g

アンズ（乾燥）… 20g

台湾茶の茶葉 … 2g

コリアンダー（生の葉、茎、根）… 適量

コリアンダーシード … 10g

ティムットペッパー* … 10粒

ライムの皮 … 適量

熱湯 … 90mL

＊ … ネパール産の山椒に似た香りのスパイス。ティムルと同義。

［作り方］

01 … 発酵パイナップルジュースをつくる。皮をむいてすりおろしたパイナップルと、パイナップルの皮1片を梅干用の陶器の容器に入れて2週間ほど発酵させる。

02 … 01を漉して瓶に移し、蓋をして2週間ほどワインセラーで熟成させる。

03 … 02の液体を一度沸騰させてから冷ます。

04 … 皮をむいて薄切りにしたマンゴーときざんだアンズを合わせ、700Wの電子レンジで3分間加熱する。

05 … 04に台湾茶の茶葉ときざんだコリアンダー、コリアンダーシード、ティムットペッパー、ライムの皮を加えてさっと混ぜ、熱湯を加えて温かいところに1時間おく。

06 … 05をさらしで包んでしっかりと絞る。

07 … 33mLの06に7mLの03を加え、グラスに注ぐ。

ラペ風ベリーニ

[ペアリング例]
桃を使う前菜など

桃のネクターとヴェルヴェーヌ＆ミントティーを合わ
せ、トニックウォーターで割る。桃尽くしのコースの
最初の1杯として考案したもので、時には生の桃の
皮を煮出してネクターを割ることも。「普段から1杯
目は、料理との相性よりも単体のドリンクとして素直
においしい味を追求しています」（田中氏）。

[調理担当]
ラペ（田中智人・松本一平）

[材料（1人分）]
桃のベース（65mLを使用）
桃のネクター（アラン・ミリア製「葡萄畑のピーチ ネクター」）…
　660mL
ヴェルヴェーヌ＆ミントティー … 330mL
　ヴェルヴェーヌの葉（生）… 10g
　ミントの葉（生）… 2g
　熱湯 … 350mL
仕上げ
トニックウォーター … 65mL

[作り方]
桃のベース
01 … ヴェルヴェーヌ＆ミントティーをつくる。ヴェルヴェーヌ
の葉とミントの葉を合わせ、熱湯を注いで抽出し、漉す。
氷水（分量外）に当てて急冷する。
02 … 桃のネクターと01を混ぜ合わせ、冷蔵庫で冷やす。
仕上げ
01 … ピッチャーに冷やしたトニックウォーターと65mLの
桃のベースを順に注ぎ入れる。
02 … ワイングラスに01を注ぐ（ペアリングの場合は50mL）。

メルロー

03

［ペアリング例］
メインの肉料理

肉料理に合わせる赤ワインに寄せた、演出効果で場を盛り上げる一杯。渋みが出るまで抽出したウバ茶にメルロー種のブドウジュースを合わせ、グラスに注いだらスモークガンで桜のチップの煙を充満させて蓋をし、客席へ。お客の前で蓋を開けて軽くグラスをまわすと、ワインの樽香のような香りが立ちのぼる。

［調理担当］
ラペ（田中智人・松本一平）

［材料（つくりやすい分量）］
メルローのベース（1人分130mLを使用）
水出しウバ茶（550mLを使用）
　紅茶（ウバ）の茶葉 … 10g
　水 … 1L
ブドウジュース（アラン・ミリア製「メルロー種 赤 グレープジュース」）… 350mL
赤ワインヴィネガー … 10mL
仕上げ
桜のチップ … 適量

［作り方］
メルローのベース
01 … 水出しウバ茶を淹れる。紅茶の茶葉に水を注ぎ、ワインセラー（約14℃）に丸1日置く。少し強めのタンニンが抽出されることが理想。抽出が足りなければ、その後は冷蔵庫に移し、理想の濃さになったら漉す。
02 … 550mLの01とブドウジュース、赤ワインヴィネガーを混ぜ合わせて、冷やす。
仕上げ
01 … ワイングラスにメルローのベース130mLを注ぐ（ペアリングの場合は50mL）。
02 … スモークガンに桜のチップを入れて点火し、ノズルの先を01のグラス内に向けて煙を入れる。蓋をする。
03 … 02をテーブルに運び、客前で蓋をはずす。テーブルの上でグラスを軽くまわして煙を適度に飛ばす。

カベルネロゼ＋ハイビスカス＋柚子

[ペアリング例]
カルパッチョなど、生の魚介と柑橘果汁を使う料理

フランス産のカベルネ・ソーヴィニヨン種のブドウ
ジュースと水出しのハイビスカスティーを合わせる、ラ
ペの定番ドリンク。ブドウ品種の個性が明確なジュー
スを主役に、ワインセラーに一晩置いて鮮やかな赤
色と酸味を抽出したハイビスカスティーで甘さを抑え、
ユズの風味をきかせて、十分に冷やして提供する。

[調理担当]
ラペ（田中智人・松本一平）

04

[材料]（約15人分）
ブドウジュース（アラン・ミリア製「カベルネ種 ロゼ グレープジュー
ス」）… 1L
水出しハイビスカスティー
　ハイビスカスティーの茶葉 … 10g
　水 … 1L
ユズ果汁（佐賀県・川原食品製「佐賀県産完熟ゆず果汁」）…
　50mL

[作り方]
01 … 水出しハイビスカスティーを淹れる。ハイビスカス
ティーの茶葉に水を注ぎ、ワインセラー（約14℃）に一晩
置いて抽出する。漉す。
02 … ブドウジュース、01の水出しハイビスカスティー、
ユズ果汁を混ぜ合わせて、冷やす。
03 … ワイングラスに02を130mL注ぐ（ペアリングの場合は
50mL）。

甘露煮のアマロネ

［ペアリング例］
バルサミコ酢や赤ワインを加えたソースで食べるウナギ料理

ドリンクとソースの長所を組み合わせ、その「中間地点」をめざした一品。赤ワインとヴェルモット、黒ミリンを煮詰めて乾燥プルーンやアンズ、スパイスを加え、さらに加熱することで甘露煮のように仕立てた。赤ワイン由来の酸味にドライフルーツの分厚い甘みが合わさり、しっかりしたボディが生まれる。

［調理担当］
CAINOYA（塩澤隆由）

05

［材料（つくりやすい分量）］
赤ワイン … 100g
ヴェルモット（ノイリー・プラット）… 50g
黒ミリン … 60g
プルーン（乾燥）… 7個
アンズ（乾燥）… 70g
花椒 … 2粒
クローヴ … 4粒
ミネラルウォーター（またはバラの蒸留水）… 適量

※ … 数年〜十数年の長期熟成を経てメイラード反応が進んだミリン。黒みがかった色と濃厚で複雑味のある香りが特徴。

［作り方］
01 … 赤ワイン、ヴェルモット、黒ミリンを鍋に入れて沸騰させてアルコール分を飛ばす。弱火で半量以下になるまで1時間煮詰める。
02 … プルーン（乾燥）とアンズ（乾燥）を適宜に切る。
03 … 01 に 02、花椒、クローヴを入れ、85℃・湿度100％のスチコンで1時間加熱する。
04 … 03 をショックフリーザーで30分間ほど冷やす。漉す。
05 … 04 にミネラルウォーター（またはバラの蒸留水）を適宜加えて濃度を調整し、グラスに注ぐ。

酒粕甘酒

06

［ペアリング例］
昆布や麦味噌風味のだしを浸透させたブリの料理

ショウガやオレガノ、ホースラディッシュ風味のシロップと甘酒の組合せ。塩気のあるスープをしみこませたブリの料理に合わせて、料理の塩味とドリンクの甘味のバランスを楽しむ趣向だ。仕上げに削りかける真っ黒に焼いた黄ユズの香りを閉じ込めるため、口がすぼまったひと口サイズのグラスで提供する。

［調理担当］
CAINOYA（塩澤隆由）

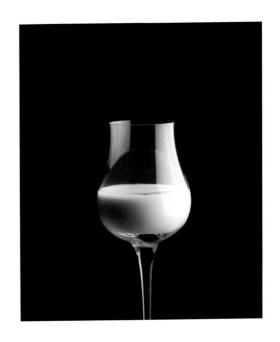

［材料（つくりやすい分量）］
豆乳 … 250g
酒粕[*1] … 50g
ショウガ … 8g
オレガノ … 0.1g
ミネラルウォーター … 計110g
乾燥ホースラディッシュ[*2] … 1g
キビ砂糖 … 30g
黄ユズ … 1/4個分

＊1 … 京都府・竹野酒造のもの。
＊2 … ホースラディッシュをスライスし、63℃の食品乾燥機で一晩乾燥させる。

［作り方］
01 … 豆乳、酒粕、皮ごとすりおろしたショウガ、オレガノ、ミネラルウォーター50gを鍋に入れ、強火で沸かす。中火にし、5分間加熱する。
02 … 01の火を止め、蓋をして30分間アンフュゼする。漉す。
03 … 02にミネラルウォーターを30gほど足し、濃度を調節する。
04 … キビ砂糖とミネラルウォーター30gを混ぜて乾燥ホースラディッシュを浸け、冷蔵庫で一晩冷やす。漉す。
05 … 黄ユズを150℃・湿度0%のスチコンで1時間加熱する。真っ黒になった状態で取り出し、常温で冷ます。
06 … 16gの03と3gの04を混ぜ合わせ、グラスに注ぎ入れる。
07 … 提供直前に05の黄ユズの皮を少量削りかける。

ほうじ茶ラムコーク

07

［ペアリング例］
焼きナスに卵黄のソースを合わせた品

焼きナスの香ばしさと相性のいいほうじ茶をベース
にした、ペアリング用のドリンク。自家製のコーラシ
ロップやショウガのすりおろしでスパイス感や風味の
アクセントをプラスし、ラムシロップでラムコークらし
い風味に寄せた。

［調理担当］
フュージブル（室之園尚美・室之園俊雄）

［材料（1人分）］
ほうじ茶（40mLを使用）
ほうじ茶の茶葉
湯 … 各適量
自家製コーラシロップ（3mLを使用）
水 … 300mL
ざらめ糖 … 600g
ライム（スライス）… 1個分
ヴァニラビーンズ … 1/2本
シナモンスティック … 1本
クローヴ … 1粒
カルダモン … 10粒
ティムットペッパー※ … ひとつまみ
オールスパイス … 5粒
仕上げ
ラムシロップ … 3g
ショウガ … 適量
コーラ（コカ・コーラ）… 20mL
氷 … 適量

※ … ネパール産の山椒に似た香りのスパイス。ティムルと同義。

［作り方］
ほうじ茶
01 … ほうじ茶の茶葉を沸騰した湯に入れ、5分間程度
火にかけて煮出した後、漉す。
自家製コーラシロップ
01 … すべての材料を合わせて沸かし、10分間弱火で
煮る。
02 … 01の火を止めて一晩以上おき、漉す。冷蔵庫で
保管する。
仕上げ
01 … ほうじ茶40mL、自家製コーラシロップ3mL、ラム
シロップを混ぜ合わせる。
02 … グラスに氷を入れ、すりおろしたショウガ、01、
コーラを注ぎ、混ぜ合わせる。

赤紫蘇山わさび

[ペアリング例]
エストラゴンの酢漬けを添えたヒメマスのフリット

「見た目からもまるで赤ワインを楽しんでいる気分になれるような一杯にしました」（蝶野氏）。赤ジソジュースにハイビスカスティーを合わせ、ホースラディッシュのジュを加えて、赤ワインに合わせることの多い肉料理やフライの油脂分を断ち切る清涼感を持たせている。

[調理担当]
aki nagao（蝶野絵里子・長尾彰浩）

08

[材料（5人分）]
ハイビスカスティー
ハイビスカスティーの茶葉 … 3g
湯 … 330g
赤ジソジュース（120gを使用）
赤ジソ … 300g
水 … 1L
レモン（スライス）… 3枚
仕上げ
ホースラディッシュのジュ* … 12〜15g
シロップ … 15〜20g

＊ … ホースラディッシュをすりおろして絞った液体、もしくはスロージューサーで搾った液体を使用。

[作り方]
ハイビスカスティー
01 … ハイビスカスティーの茶葉に湯を注いで抽出し、漉して急冷する。
赤ジソジュース
01 … 赤ジソと水を合わせて5〜10分間煮出し、漉して冷やす。
02 … 01にレモンのスライスを入れて一晩浸ける（レモンがなければクエン酸5gで代用してもよい）。
仕上げ
01 … ハイビスカスティー、赤ジソジュース120g、ホースラディッシュのジュ、シロップを混ぜ合わせる。
02 … 1人分100mLをグラスに注ぐ。

紹興酒 グラン・マルニエ オーツミルク

［ペアリング例］
炭火で焼いたウナギ

愛知の名物ウナギにアボカドやモヤシのだしを合わせ、"ひつまぶし風" に仕立てた品とともに味わうドリンク。炭火焼の風味と好相性の紹興酒と、山椒の香りに通じる柑橘系のリキュールを、どちらも回転式蒸発装置でアルコール分を抜いて使用。仕上げにオーツミルクで濃度と甘みをプラスした。

［調理担当］
RESTAU K YAMAUCHI（山内賢一郎・奥 啓太）

09

［材料］（1人分）
ノンアル紹興酒（45mLを使用）
　紹興酒 … 500mL
ノンアルグラン・マルニエ（20mLを使用）
　グラン・マルニエ … 500mL
　ドライオレンジ（スライス）2枚
オーツミルク … 30mL
氷 … 適量

［作り方］
01 … ノンアル紹興酒をつくる。紹興酒をロータリーエバポレーター で蒸溜する。気圧85mbar、ホットバス40℃、回転数120～200rpm、冷却水－1℃に設定。100mLを抽出したら蒸溜を終了し、残留液を使用する（抽出液は、ミネラルウォーター100mLを加水するとクラリファイド［透明な］紹興酒として使用可能）。

02 … ノンアルグラン・マルニエをつくる。グラン・マルニエをロータリーエバポレーターで蒸溜する。気圧60～160mbar、ホットバス40℃、回転100～150rpm、冷却水－1℃に設定。300mLを抽出したら蒸溜を終了し、残留液にドライオレンジを一晩浸ける。漬け込んだドライオレンジは取り除き、液体のみを使う（抽出液は、ミネラルウォーター100mLを加水するとクラリファイド［透明な］グラン・マルニエとして使用可能）。

03 … シェイカーに、01、02、オーツミルクを入れ、氷を加えてシェイクする。

04 … 飾り用の押し麦（分量外）を敷き詰めた枡にグラスを挿し、03を注ぐ。

＊ … 液体の濃縮・分留分離・蒸溜などの用途に使用する、減圧装置付きの回転式蒸発器のこと。

ノンアルコールの黒ビール

［ペアリング例］
素揚げしてトマトウォーターに浸したナスなど、揚げ
物に

揚げものに泡ものを合わせて口中をリセットすること
を考えた、黒ビール風のカクテル。ノンカフェインの
エスプレッソにモルトエキスや炒り豆、クローヴ、シ
ナモン、甘草などを合わせて煮出し、発酵ブルーベ
リーのジュースをプラス。提供直前に撹拌して炭酸
水を一気に注ぎ、しっかり泡をつくる。

［調理担当］
FARO（桑原克也）

10

［材料］（1人分）
黒ビールのベース（100mLを使用）
ヒヨコマメ（または大豆）… 10粒
エスプレッソ* … 120g
モルトエキス … 10g
クローヴ … 少量
シナモン（スティック）… 少量
甘草（パウダー）… 少量
ブルーベリーの発酵ジュース（30mLを使用）
ブルーベリー … 適量
砂糖 … ブルーベリーの重量の15%量
水 … 適量
仕上げ
炭酸水 … 60mL

＊ … ノンカフェインタイプのエスプレッソを抽出したもの。

［作り方］
黒ビールのベース
01 … ヒヨコマメを乾煎りする。
02 … その他の材料を合わせて鍋に入れ、弱火で20分
間熱して香りを移し、冷ます。
ブルーベリーの発酵ジュース
01 … すべての材料を袋に入れて真空にし、室温で1日
半程度おいて発酵させる。
02 … 01をスロージューサーで搾る。
仕上げ
01 … 黒ビールのベース100mLにブルーベリーの発酵
ジュース30mLを合わせて冷蔵庫で数時間冷やす。
02 … 01を提供直前にハンドブレンダーで泡立てる。フ
ルートグラスに10mLを注ぎ、炭酸水を勢いよく注ぎ足す。

ギミックワイン

11

［ペアリング例］

—

アルコール分を飛ばしたソーテルヌとコニャック、フルーツやハチミツでつくった自家製の「ランシオシロップ」に蜜香烏龍茶、シャルドネ種のブドウジュース、クエン酸溶液を合わせた。長期熟成されたコニャックなどに現れる「ランシオ香」を再現すべく取り組んだドリンクだ。

［調理担当］

フォークロア（南雲主宇三・佐藤由紀乃）

［材料（1人分）］

蜜香烏龍茶（70mLを使用）

　烏龍茶の茶葉（蜜香烏龍茶）… 4g

　熱湯 … 150mL

ランシオシロップ（7mLを使用）

　ソーテルヌ（アルコール分を飛ばしたもの）… 30mL

　コニャック（アルコール分を飛ばしたもの）… 10mL

　シロップ … 200mL

　ハチミツ（オレンジ）… 30mL

　パッションフルーツ果汁 … 1/2個分

　マンゴー（乾燥。スライス）… 50g

　リンゴ（乾燥。さいの目切り）… 30g

　ランブータン（乾燥）… 10g

ブドウジュース（シャルドネ種）… 15mL

クエン酸溶液 … 13mL

［作り方］

01 … 蜜香烏龍茶を淹れる。烏龍茶の茶葉に熱湯50mLを注ぎ、3分間置いて抽出する。同じ方法で三煎まで出し、すべてを合わせて急冷する。

02 … ランシオシロップをつくる。ソーテルヌ、コニャック、シロップ、ハチミツ、パッションフルーツ果汁を混ぜ合わせ、マンゴー、リンゴ、ランブータンを漬ける。容器に入れて4日間置いたら漉し、液体のみを保存する。

03 … 70mLの01、7mLの02、ブドウジュース、クエン酸溶液を容器に入れてステアし、ワイングラスに注ぐ。

ダブルブラックベルベット

[ペアリング例]

—

シャンパーニュとギネスビールを同時に注ぐカクテル、「ブラックベルベット」のノンアル版。名前の「ダブル」は、水出しコーヒーとチョコレートモルトシロップという2種の黒い素材から。他に、メルロー種のブドウジュースと炭酸水を合わせて仕上げる。

[調理担当]

フォークロア（南雲主宇三・佐藤由紀乃）

12

[材料（1人分）]

水出しコーヒー … 30mL

ブドウジュース（メルロー種）… 15mL

チョコレートモルトシロップ …（10mLを使用）

　チョコレートモルト … 75g

　砂糖 … 250g

　ギネスビール … 250mL

　水 … 100mL

炭酸水 … 30mL

[作り方]

01 … チョコレートモルトシロップをつくる。すべての材料を小鍋に入れて加熱してギネスビールのアルコール分を飛ばし、目の細かい漉し器で漉す。容器に入れて冷蔵庫で保存する。

02 … 水出しコーヒー、ブドウジュース、10mLの01、炭酸水を容器に入れてステアし、フルートグラスに注ぐ。

ヘイジーダミーIPA

13

［ペアリング例］
—

ビールのヘイジーIPAをイメージした一杯。ホップを
漬け込んだシャルドネ種のブドウジュースでビールの
テイストを表現し、アクアファバ（豆の煮汁）を加えて
泡を持続させる。ポイントとなる鮮烈な柑橘系の香り
は、レモンバーベナティーとポメロのジュースによる
もの。

［調理担当］

フォークロア（南雲主宇三・佐藤由紀乃）

［材料（1人分）］

レモンバーベナティー（30mLを使用）

　レモンバーベナの茶葉 … 3g

　熱湯 … 200mL

ホップ漬け込みシャルドネジュース（15mLを使用）

　ブドウジュース（シャルドネ種）… 100mL

　ホップ（乾燥）… 4個

ポメロジュース … 15mL

パセリ … 少量

アクアファバ ＊ … 5mL

トニックウォーター … 40mL

炭酸水 … 20mL

氷 … 適量

＊ … 豆の煮汁。卵白の代替食品として使われる。

［作り方］

01 … レモンバーベナティーを淹れる。レモンバーベナの
茶葉に熱湯を注ぎ、4分間置いて抽出する。急冷する。

02 … ホップ漬け込みシャルドネジュースをつくる。ブドウ
ジュースにホップを漬け、冷蔵庫で4日間置く。ミキサー
にかける。

03 … 30mLの01、15mLの02、ポメロジュース、パセ
リ、アクアファバをミキサーにかける。

04 … シェイカーに03、氷を入れてシェイクする。

05 … グラスに04を注ぎ、さらにトニックウォーターと炭
酸水を注ぎ入れる。

発酵青リンゴ ディル グレープフルーツ 透明ミルク

［ペアリング例］

—

リンゴジュースを搾った後の青リンゴのかすに砂糖と
水を合わせ、真空で発酵。そこにグレープフルーツ
ジュースなどを足して牛乳を加える。すると牛乳のた
んぱく質と酸が結合して液体がクリアーになり、軽い
乳酸のニュアンスが加わる。「ミルクウォッシュ」の
技術を活用した一杯。

［調理担当］
The SG Club（後閑信吾・永峯侑弥）

14

［**材料**（つくりやすい分量）］
発酵青リンゴジュース（50mLを使用）

青リンゴ … 200g
砂糖 … 40g
水 … 300mL
グレープフルーツジュース … 50mL
パッションフルーツジュース … 10mL
牛乳 … 50mL
ディル … 2g
レモングラス（せん切り）… 2g
グレープフルーツピール（せん切り）… 2g
ショウガ（すりおろし）… 0.5g
シナモンパウダー … 0.1g

［**作り方**］

01 … 発酵青リンゴジュースをつくる。青リンゴのジュー
スを搾った後のかすに砂糖、水を加えて真空パックにし、
室温に1週間ほど置く。

02 … 容器に50mLの 01 とその他の材料をすべて入れて
冷蔵庫に半日ほど置く。漉す。

03 … ワイングラスに 02 を100mL注ぐ。

トマト 鬼灯 生姜 金木犀

［ペアリング例］
—

オレンジワインのようなニュアンスを持った一杯。トマトのうまみにホオズキの酸味とキンモクセイの香りを合わせ、ショウガをアクセントとした。「ともに青い香りのあるトマトとホオズキは好相性で好きな組合せ。あまり手がかからない、つくりやすいドリンクです」（永峯氏）。

［調理担当］
The SG Club（後閑信吾・永峯侑弥）

15

［材料（約2人分）］
トマト … 100g
ホオズキ（生食用）… 50g
水出しキンモクセイ茶[*] … 50g
ショウガ（すりおろし）… 5g

* … 乾燥させたキンモクセイの花を水出ししたもの。

［作り方］
01 … トマト、ホオズキ、水出しキンモクセイ茶、ショウガをミキサーにかける。
02 … 01を容器に入れ、分離するまで冷蔵庫に1時間ほど置く。
03 … 02の液体をコーヒーフィルターで漉す。
04 … ワイングラスに03を100mL注ぐ。

ワイン愛好家にささぐ

16

［ペアリング例］
—

「ワイン好きな人に楽しんでもらいたい」と考案。ブドウジュースに焙じ紅茶の香ばしさとスパイスの香りをプラスし、若摘みブドウを使用した「ベルジュ風葡萄酢」の酸味を重ねた。牛乳によるほのかな乳味でまとめることで、「ノンアルにありがちなもの足りなさを補っています」と赤坂氏。

［調理担当］
バーストロー（赤坂真知）

［材料（つくりやすい分量）］

スパイスティー（500mLを使用）

　水 … 600mL

　焙じ紅茶 … 12g

　シナモン … 2本

　カルダモン … 15個

　クローヴ … 10個

　グラニュー糖 … 25g

ブドウジュース（果汁100%）… 175mL

レモン果汁 … 25mL

牛乳 … 150mL

仕上げ（1人分）

ブドウ酢（ココ・ファーム・ワイナリー「ベルジュ風葡萄酢」*²）…
　25mL

ピンクペッパー … 適量

＊1 … 和紅茶を焙煎し、黒糖のような甘味と香りを引き出した紅茶。
埼玉県狭山市「的場園」の製品。

＊2 … 栃木県「ココ・ファームワイナリー」の自家畑で採れた若摘み
ブドウで造った酢に、砂糖やハチミツを加えた製品。

［作り方］

01 … スパイスティーをつくる。鍋に水を沸かし焙じ紅茶を入れて、茶を抽出する。漉して茶葉を取り除く。

02 … 01にシナモン、カルダモン、クローヴ、グラニュー糖を加え、弱火にかけて5分間煮出す。漉してスパイスを取り除く。冷ます。

03 … 02でとれたスパイスティーにブドウジュースとレモン果汁を加え混ぜる。

04 … 03に牛乳を加え混ぜる。レモンの酸による化学反応で牛乳のタンパク質が凝固するので、ペーパーフィルターで漉す。

05 … 04のうちの125mLをグラスにそそぎ、ブドウ酢で味をととのえ、ピンクペッパーを散らす。

ワサビ菜のノンアルコールジントニック

［ペアリング例］

—

「野菜ジュースをアップデートするには?」というアイデアから生まれた1品。ピリッと辛いワサビ菜とリンゴジュース、緑茶をミキサーにかけ、漉す。「漉すことによって野菜の土くささが抜け、ワサビ菜の青っぽさや辛味だけを残せます」(赤坂氏)。トニックウォーターのさわやかな柑橘の風味で後味も爽快に。

［調理担当］

バーストロー（赤坂真知）

17

［材料］（1人分）

ワサビ菜のジュース（45mLを使用）

　ワサビ菜 … 80g

　リンゴジュース（果汁100%）… 250mL

　緑茶 … 150mL

ノンアルコールジン … 25mL

トニックウォーター … 80mL

レモンの皮 … 適量

氷 … 適量

※ … 70℃の湯200mLに3gの茶葉を加えて1分30秒間煮出し、漉して冷ましたもの。

［作り方］

01 … ワサビ菜のジュースをつくる。ワサビ菜、リンゴジュース、緑茶をミキサーにかけ、ペーパーフィルターで漉す。

02 … 氷を入れたグラスに01のうち45mLとノンアルコールジンとトニックウォーターを加え、マドラーなどで混ぜる。

03 … 飾り切りしたレモンの皮をグラスに添える。

GINNIE トニック

18

[ペアリング例]
ジャンルを選ばずどのような料理にも

Low-Non-Barが開発したオジリナル・ノンアルコールジンのジントニック。「こうした香りを凝縮したノンアルコールスピリッツを使うと、一気に"カクテルの文脈"を出せます」と高橋氏。本品は揚げ物などにも合わせやすいレシピだが、トニックを炭酸水に変えてボリューム感を下げれば、より繊細な料理にも寄り添う。

[調理担当]
Low-Non-Bar（高橋弘晃・反町圭佑）

[材料]（1人分）

ノンアルコールジン（GINNIE 東京ドライ ノンアルコールジン*1）
… 30mL

レモン汁*2 … 1tsp

チリヴィネガー*3 … 1dash

トニックウォーター … 120mL

ライムの皮 … 適量

氷 … 適量

＊1 … Low-Non-Barが監修・開発したノンアルコールスピリッツ。ロンドンドライジンの製法を用い、ジュニパーベリーなど6種類のハーブに加え、ジャスミン茶、橙、クロモジなど和の要素を合わせて蒸留したもの。

＊2 … ライム果汁やクエン酸、酢酸などでもよい。

＊3 … リンゴ酢に、細切りにした赤トウガラシを浸けて1週間ほどおいたもの。ノンアルカクテルにボリューム感を出すために用いる。

[つくり方]

01 … 氷を入れたグラスにノンアルコールジンとレモン汁を注ぎ、チリヴィネガーをたらす。

02 … 01をマドラーなどで混ぜて、トニックウォーターを注ぐ。

03 … 飾り切りしたライムの皮をグラスに添える。

紫蘇モヒート

19

[ペアリング例]
ハーブを用いたエスニック料理など

オオバと野性的な香りが特徴のキューバ産ミントの葉を際立たせ、定番カクテルをノンアルで表現。清涼感が重要なためよく冷えるクラッシュアイスを使うが、溶けやすいのでシュガーシロップを多くし、濃いめにつくるのがコツ。ミントの葉をつぶす際は、炭酸に香りを移すようなイメージでやさしく押す。

[調理担当]
Low-Non-Bar（高橋弘晃・反町圭佑）

[材料（1人分）]
ライム果汁 … 20mL
シロップ … 15mL
オオバ … 2枚
ミント … 1／3パック
炭酸水 … 100mL
仕上げ
　クラッシュアイス … 適量
　オオバ … 適量
　ミント … 適量

 … 肉厚で甘みのあるキューバ産イエルバ・ブエナを使用。一般的なスペアミントやバジル、ハッカの葉でもよい。

[作り方]
01 … グラスにライム果汁、シロップ、オオバ、ミント、炭酸水を入れ、ペストル（すりこぎ棒）などで葉をやさしくつぶす。
02 … 01にクラッシュアイスを加えて仕上げ用のオオバとミントを添え、ストローをさす。

酒／ヒノキ／ジュニパー

［ペアリング例］

揚げ物やメイラード反応した肉など、香ばしい風味
がある料理

ノンアルコールジンに、日本酒から抽出したエキスに
ヒノキの香りをきかせたコーディアルを合わせ、数滴
のチリヴィネガーの刺激でバランスをまとめる。「ドリ
ンクにウッディーなフレーバーがあるので、メイラー
ド反応した肉や揚げ物など、茶色系のフレーバーを
持つ料理と合わせやすいと思います」（高橋氏）。

［調理担当］

Low-Non-Bar（高橋弘晃・反町圭佑）

20

［材料（1人分）］

ノンアルコールジン（GINNIE 東京ドライ ノンアルコールジン＊¹）
　… 10mL

コーディアルシロップ（GINNIE 日本酒エキスとヒノキ＊²）…
　30mL

ライム果汁（好みで）… 小さじ1

チリヴィネガー＊³ … 1dash

炭酸水 … 90mL

乾燥ライム＊⁴ … 1枚

金粉 … 適量

氷 … 適量

＊1 … 75ページ参照。

＊2 … 脱アルコールした日本酒のエキスにほのかなヒノキの香りを加
えたシロップ。Low-Non-Bar が監修・開発したもの。

＊3 … 75ページ参照。

＊4 … 輪切りにしたライムを食品乾燥機で乾燥させたもの。

［つくり方］

01 … 氷を入れたグラスにノンアルコールジン、コーディ
アルシロップ、ライム果汁を注ぎ、チリヴィネガーをたらす。

02 … 01をマドラーなどで混ぜて、炭酸水を注ぐ。

03 … 02のグラスに金粉をふった乾燥ライムをあしらう。

蕎麦／ヴァニラ／ウイスキー

［ペアリング例］

照り焼きなど醤油を焦がしたフレーバーのある料理、
甜麺醤や豆板醤などの発酵調味料を使った料理

ウイスキーフレーバーのノンアルコールジンにダッタ
ンそば茶とヴァニラの風味のコーディアルを加えて、
ウイスキーらしいスモーキーさや樽香のようなフレー
バーをプラス。味わいにボリューム感があるため、中
国料理のコクのある炒め物や煮込みなどにも合わせ
やすい。

［調理担当］

Low-Non-Bar（高橋弘晃・反町圭佑）

21

［材料］（1人分）

ノンアルコールジン（ノンアルコールジン・ネマ 0.00% ウイスキー*¹）
　… 10mL
コーディアルシロップ（GINNIE 蕎麦茶とバニラ*²）… 30mL
チリヴィネガー*³ … 1dash
炭酸水 … 90mL
乾燥リンゴ*⁴ … 1枚
氷 … 適量

*1 … ウイスキーを模したノンアルコールジン。無農薬栽培の2種の
バラとマケドニア産ジュニパーベリー、ピーテッドモルト、ホワイトオー
ク、カカオ、ワイルドカルダモン、マジョラムなどをボタニカルに使用
し、八ヶ岳山麓の湧き水で蒸留している。
*2 … ダッタンそば茶にヴァニラの香りをまとわせ、オレンジフラワー
やカルダモンを加えたシロップ。Low-Non-Barが監修・開発したもの。
*3 … 75ページ参照。
*4 … リンゴの輪切りを食品乾燥機にかけて乾燥させたもの。

［つくり方］

01 … 氷を入れたグラスにノンアルコールジンとコーディ
アルシロップ注ぎ、チリヴィネガーをたらす。
02 … 01をマドラーなどで混ぜて、炭酸水を注ぐ。
03 … 02のグラスに乾燥リンゴをあしらう。

CHAPTER 4
フルーツ、野菜、スパイス

飲めるサラダ

01

［ペアリング例］
行者ニンニクのダンプリング 山羊のリコッタチーズと
新タマネギ

ドリンクのモチーフはキアー氏の友人のバーテンダー
がつくるルーコラのギムレット。リンゴジュースとノン
アルコールスピリッツをベースに、ライムや乳酸発酵
させたパイナップルで複雑な酸味を足す。提供直前
にハーブと撹拌して苦みや辛み、色、香りを液体に
移し、布漉しでさらっとした質感、透明感を表現。

［調理担当］
ルーラ（ジェイカブ・キアー）

［材料］（約20人分）
乳酸発酵パインジュース*1 … 100g
リンゴジュース … 620g
ライムシロップ*2 … 112g
ライム果汁 … 98g
ノンアルコールスピリッツ（幾星 京都蒸溜室の「ミアチナ 然仙」）
　… 144g
セリ … 8g
ルーコラ … 8g
ルーコラ・セルヴァティカ … 4g
氷（ボール状）… 1個

＊1 … ジューサーで搾ったパイナップルに2%量の塩を加えて容器に
保存し、1週間常温に置いてから、果肉を搾りながら漉したもの。
＊2 … ライム果汁と水を混ぜ合わせたもの360gにグラニュー糖
360gとアガベシロップ120gを入れて混ぜ合わせ、一晩常温に置き、
漉したもの。

［つくり方］
01 … 乳酸発酵パインジュース、リンゴジュース、ライムシ
ロップ、ライム果汁、ノンアルコールスピリッツを混ぜ合
わせ、保存容器に入れて冷蔵する。
02 … 提供直前に01とセリ、ルーコラ、ルーコラ・セル
ヴァティカをブレンダーで15秒間撹拌し、布で漉す。
03 … 氷を入れたグラスに02を50mL注ぐ。

飲む森林浴

［ペアリング例］
—

天然香木を蒸留・加工したシロップを香りの軸にし、トマトの軽やかな青っぽさとうまみで飲みごたえを出した。「重厚な味わいや香りを表現するために3種類の液体を混ぜますが、そうするときれいな色味が出しにくい」（赤坂氏）。そこで、トマトジュースは紙漉しして、透明な状態にして使用する。

［調理担当］
バーストロー（赤坂真知）

02

［材料］（1人分）

トマト … 中1個
シロップ（日本草木研究所の「草木蜜フォレストシロップ」）… 30mL
トニックウォーター … 80mL
ライムの皮 … 適量
氷 … 適量

［つくり方］

01 … トマトをミキサーにかけてトマトジュースをつくり、ペーパーフィルターで漉す。
02 … 氷を入れたグラスにシロップと40mLの01、トニックウォーターをそそぎ、マドラーなどで混ぜる。
03 … 適宜に切ったライムの皮をのせる。

みぞれトニック

03

［ペアリング例］

—

"みぞれおろし" から着想した、和食に合うドリンク。ダイコンはジューサーにかけた後、ペーパーフィルターで漉してクリアな香りと色合いに。ここにノンアルジンでジュニパーベリーの香りと、リンゴジュースの穏やかな甘味を添えた。グラスにつけたゆかりの塩気がアクセント。

［調理担当］

バーストロー（赤坂真知）

［材料（1人分）］

ダイコン … 適量（搾り汁25mLを使用）

リンゴジュース（果汁100%）… 15mL

ノンアルコールジン … 30mL

トニックウォーター … 70mL

レモン果汁 … 適量

ゆかり … 適量

氷 … 適量

［作り方］

01 … ダイコンをジューサーにかける。

02 … 25mLの01とリンゴジュースを合わせてペーパーフィルターで漉す。

03 … グラスの縁に少量のレモン果汁を塗り、ゆかりをつける。

04 … 03のグラスに氷を入れ、02とノンアルコールジンを加え、マドラーで混ぜる。

05 … トニックウォーターを注ぎ、軽くマドラーで混ぜる。

フェンネルミルクパンチ

［ペアリング例］
—

フェンネルの香りを移したジャスミン茶に、ブドウ
ジュースとグレープフルーツジュース、牛乳を加えて、
紙漉しした。「ミルクパンチ」でありながらクリアな見
た目という意外性と、フェンネルのさわやかさ、牛乳
のシルキーなテクスチャーが相まった新感覚の飲み
口が魅力の一品。

［調理担当］
バーストロー（赤坂真知）

04

［材料（つくりやすい分量）］

ジャスミン茶（400mLを使用）

　ジャスミン茶 … 8g

　水 … 500mL

　フェンネル … 5g

　グラニュー糖 … 20g

フェンネル牛乳（300mLを使用）

　牛乳 … 500mL

　フェンネル … 8g

ブドウジュース（果汁100%）… 150mL

グレープフルーツジュース（果汁100%）… 50mL

レモン果汁 … 20mL

氷 … 適量

［つくり方］

01 … ジャスミン茶を淹れる。水を90℃に熱し、ジャスミ
ン茶、フェンネル、グラニュー糖を加えて90秒間抽出す
る。漉す。

02 … フェンネル牛乳をつくる。牛乳にフェンネルを加え
て火にかけ、5分間弱火で煮出す。漉す。

03 … 400gの01、ブドウジュース、グレープフルーツ
ジュース、レモン果汁をを合わせたところに、300gの02
をゆっくり注ぐ。軽く全体を撹拌する。

04 … 03をペーパーフィルターで漉す。

05 … 氷を入れたグラスに04を注ぎ、軽く混ぜる。

トマト 緑茶 りんご

05

[ペアリング例]

ピーマン、桃、オカヒジキなどを用いたプラントベースの前菜

桃を使ったプラントベースの前菜に合わせるべく、"青っぽさ"を軸に素材を取り合わせた。当初はトマトジュースを使ったが、「ガスパチョのようにしたくない」（山内氏）との考えからトマトのコンソメに変更。緑茶で苦み、リンゴで甘みや酸味を添え、桃のマリネの漬け汁で料理とのつながりを明確にした。

[調理担当]

RESTAU K YAMAUCHI（山内 賢一郎・奥 啓太）

[材料]（1人分）

トマトのコンソメ*1 … 30mL

緑茶（60mLを使用）

　煎茶の茶葉 … 5g

　湯（80℃程度）… 200mL

りんごのシロップ（30mLを使用）

　リンゴ（フジ）… 1個

　水 … 360mL

　グラニュー糖 … 150g

　レモン（スライス）… 2枚

桃のマリネ液*2 … 数滴

タイム … 適量

＊1 … トマトのヘタを取って皮ごとミキサーにかけ、キッチンペーパーで一晩かけて冷蔵庫内で自然に漉したもの。

＊2 … 料理に米酢でマリネした桃を使っており、そのマリナードを使用。

[つくり方]

01 … 緑茶を淹れる。煎茶の茶葉に湯を注いで濃いめに抽出し、急冷する。

02 … りんごのシロップをつくる。リンゴの芯を除いて皮ごと八等分し、厚さ3〜5mmにスライスする。

03 … 水を沸かし、グラニュー糖、レモン、02を入れ、アクを引いて15分間ほどごく弱火で煮る。

04 … 03の粗熱をとり、漉した後、急冷して冷蔵庫で保管する。

05 … シェイカーのティンにトマトのコンソメ、01、04、桃のマリネ液を入れ、スローイングする。

06 … 木の器にタイムを敷き詰め、グラス（プレートがないタイプ）を軽くすりつけてタイムの香りをまとわせる。グラスに05を約100mL注ぐ。

トマトウォーター／梅干出汁

［ペアリング例］
デコポン、甘夏、グレープフルーツにアオリイカを合わせた前菜

トマトウォーター、梅干を水出しして抽出した液体、山椒の枝と葉を煮出して漉した液体を合わせたこのドリンクは、3種類の柑橘を用いた料理の味わいを底上げするのが目的。柑橘の甘やかな酸味とは異なり鋭角的な酸味を持つ梅干を用いることで、料理とともに口にすると味わいが立体的に感じられる。

［調理担当］
JULIA（本橋健一郎・nao）

06

［材料（つくりやすい分量）］
トマトウォーター＊ … 100g
梅干ウォーター（150gを使用）
　梅干（紀州南高梅）… 3粒
　水 … 1L
山椒ウォーター（100gを使用）
　山椒の枝と葉 … 適量
　水 … 適量

＊ … ヘタを取ったトマトをミキサーでまわし、鍋に入れて70℃ほどまで加熱する。これをリードペーパーを敷いたシノワで漉して冷ましたもの。

［つくり方］
01 … 梅干ウォーターをつくる。ほぐした梅干と種を合わせて一晩水出しする。漉す。
02 … 山椒ウォーターをつくる。鍋に水と適宜に折った山椒の枝と葉を入れて加熱する。沸騰したら火を止め、10分間程度蒸らす。
03 … 02を好みの味と香りになるまで煮詰める。漉して急冷する。
04 … トマトウォーター、150gの01、100gの03を合わせ、5℃まで冷やす。
05 … 04をワイングラスに60mL注ぐ。

グレープフルーツ／桜／蜂蜜

［ペアリング例］

キンメダイのソテー 新ショウガ風味のソース・ヴァン ブラン

めざしたのは、甘みと酸味を併せ持つ「シャルドネ のようなドリンク」。甘い香りのする桜の枝と葉を煮 出して漉し、しっかりとした酸味と甘みを持つグレー プフルーツ果汁と合わせる。黒糖で酸味とのバラン スを図り、ホエーで味に厚みを出すとともに、クリー ム系のソースと同調させることを狙った。

［調理担当］

JULIA（本橋健一郎・nao）

07

［材料（約7人分）］

桜ウォーター（150gを使用）
　桜の枝と葉
　水 … 各適量
グレープフルーツ果汁 … 150g
ホエー … 150g
黒糖 … 10g

［つくり方］

01 … 桜ウォーターをつくる。鍋に適宜に折った桜の枝と 葉、水を入れて加熱する。沸騰したら火を止め、10分間 程度蒸らす。

02 … 01を好みの味と香りになるまで煮詰める。漉して急 冷する。

03 … 150gの02、グレープフルーツ果汁、ホエーを合 わせる。黒糖を加えてよく混ぜ、甘みを調節する。

04 … 03をワイングラスに60mL注ぐ。16℃で提供する。

ブルーベリーバイマックル

［ペアリング例］
キンキのミキュイ 3色のオイルのソース

バタフライピーティーにブルーベリーを漬け込み、ガラムマサラやコブミカンの香りをきかせて見た目も味もインパクトのある一杯に仕上げた。3種のオイルのソース（バジル、パプリカ、ガラムマサラ）を流した料理とのペアリング用で、「複雑味がある料理に、さらに奇抜な要素をのせるイメージで考案しました」（蝶野氏）。

［調理担当］
aki nagao（蝶野絵里子・長尾彰浩）

08

［材料（つくりやすい分量）］
バタフライピーティー
　バタフライピーティーの茶葉 … 3g
　湯 … 330g
ブルーベリー … 100g
コブミカンの葉 … 3〜5枚
シロップ … 10〜20g

［つくり方］
01 … バタフライピーティーをつくる。バタフライピーティーの茶葉に湯を注いで抽出し、漉して70〜80℃程度まで冷ます。
02 … 01に半割にしたブルーベリーとちぎったコブミカンの葉を入れ、一晩おく。必要ならシロップを加えて糖度を調整する。
02 … 01を漉してグラスに注ぐ。

レーズンとピンクペッパーのドリンク

［ペアリング例］
仔鳩とフォワグラのファルシ

なめらかなタンニンとスパイシーさがあるラングドック
の熟成した赤ワインをイメージ。干しブドウを煮出し
てピンクペッパーをアンフュゼした液体に、クランベ
リージュースや紅茶を合わせて氷とシェイク。シェイ
クにより生まれた冷たさと味の一体感を、液体が口
の奥まで即座に届く細いグラスを用いて強調する。

［調理担当］
銀座レカン（近藤佑哉・栗田雄平）

09

［材料］（約20人分）

レーズンとピンクペッパーのドリンク（1人分60mLを使用）

干しブドウ … 300g

水 … 500mL

ピンクペッパー（粒）… 適量

クランベリージュース … 約250mL

アッサムティー（抽出の濃さは好みで調整）… 約250mL

カシスシロップ … 約150mL

仕上げ

氷 … 適量

ピンクペッパー … 少量

［つくり方］

レーズンとピンクペッパーのドリンク

01 … 鍋に水を入れて火にかけ、沸騰したら干しブドウを
加え、急激に煮詰まらないよう中火から弱火に調整して、
液体に風味を移しながら軽く煮る。

02 … 01の干しブドウがやわらかくなったら火にかけたま
まマッシャーで押しつぶし、糖分と風味を液体に移す。

03 … 02にピンクペッパーを加え、弱火で数分間加熱し
て香りを移し、漉す。粗熱をとり、冷蔵庫で冷やす。

04 … 03、クランベリージュース、アッサムティー、カシス
シロップを混ぜ合わせ、冷蔵庫で冷やす。

仕上げ

01 … シェーカーのボトムに氷をいっぱいに詰め、レーズ
ンとピンクペッパーのドリンク60mLを注いでストレーナー
とトップをセットし、液体を冷やすと同時に空気を含ませ
るようにシェイクし、デザートワイングラスに注ぐ。

02 … ピンクペッパーをミルで挽き、01の液面にのせる。

白桃とアジアンスパイスのドリンク

［ペアリング例］
リ・ド・ヴォーのムニエル 花ズッキーニとハマグリの
ヴルーテ

南仏の白ワイン、エルミタージュ・ブランをイメージ。
異なる酸味を持つサンザシやクコの実と、華やかな
香りと心地よい渋みの菊花茶でお茶を淹れ、舌ざわ
りがなめらかな白桃の果汁や白ワインヴィネガーな
どを合わせたものを加えた。全体的にやわらかい食
感の料理に寄り添う構成だ。

［調理担当］
銀座レカン（近藤佑哉・栗田雄平）

10

［材料（つくりやすい分量）］
アジアンスパイスティー

菊花茶（金糸皇菊）… 2個
サンザシ（輪切りの乾燥）… 2～3枚
クコの実（乾燥）… 4～5粒
陳皮（新会柑）… 適量
ショウガ（乾燥）… 1片
熱湯 … 500mL
ハチミツ（オレンジ）… 20mL

白桃＆ホワイトヴィネガージュース

白桃ジュース … 250mL
白ワインヴィネガー … ティースプーン 1～2杯
ミネラルウォーター（軟水）… 50mL

［つくり方］

01 … アジアンスパイスティーをつくる。耐熱ポットに菊花
茶、サンザシ、クコの実、陳皮、ショウガ、熱湯を入れて
蓋をし、8～10分間置いて風味を抽出して、漉す。

02 … 01が温かいうちにハチミツを加えてよく溶かし、冷
蔵庫で冷やす。

03 … 白桃＆ホワイトヴィネガージュースをつくる。すべて
の材料を混ぜ合わる。

04 … 02と03を3：2の割合で混ぜ合わせ、冷蔵庫で
冷やす。

05 … 04を10～12℃にととのえ、小ぶりな白ワイングラ
スに60mL注ぐ。プレゼンテーション用に、アジアンスパ
イスティー（分量外）をポットにつくり、一緒に提供する。

大葉のドリンク

11

［ペアリング例］
オマールブルーのブランマンジェ コリアンドルの香る
アーティチョークのグレック

西洋のハーブに比べて控えめな芳香と爽快感を持つ
オオバとアップルミントのハーブティーに、アガベシ
ロップや岩塩を加えた。「味わいの凝縮感を表現し
やすい小ぶりのグラス、かつ膨らみのある形状を選
ぶことで、ドリンクの素材の要素、とくに奥にある塩
味をやさしく表現します」(近藤氏)。

［調理担当］
銀座レカン(近藤佑哉・栗田雄平)

［材料］(1人分)
フレッシュの大葉&フレッシュミントティー(75mLを使用)
オオバ … 5〜6枚
アップルミントの葉 … 少量
熱湯 … 500mL
アガベシロップ … 10mL
岩塩(ヒマラヤ産・細粒) … 1/2tsp
仕上げ
ライム(くし切り) … 適量
岩塩 … 適量
ライム果汁 … 15mL
オオバ(液面に浮かべてちょうど収まる大きさのもの) … 1枚

［つくり方］
01 … フレッシュの大葉&フレッシュミントティーをつくる。
耐熱ポットにオオバ、アップルミントの葉を入れ、熱湯を
注ぎ、5分間ほど置いて風味を抽出して、漉す。
02 … 01が温かいうちにアガベシロップ、岩塩を加えてよ
く溶かし、冷蔵庫でしっかりと冷やす。
03 … 小ぶりな白ワイングラスの口の半周にライムの断面
をなでつけて果汁をつけ、逆さにしてバットなどに出した
岩塩を貼り付ける。
04 … 75mLの02にライム果汁を加えて混ぜ、03のグラ
スに注ぐ(ペアリングの場合60mL)。液面にオオバを浮かべる。

アレキパ

[ペアリング例]

—

カクテル名は南米ペルーの良質のカカオ産地で、世界遺産にも登録されている町から。ビーツジュース、中国紅茶ラプサンスーチョン、アマゾンカカオウォーター、発酵カカオシロップなどを合わせ、カカオの香りを軸に据えてスモーキーで土っぽいテイストに。シェイクしてグラスに注ぎ、ナッツメッグを削りかける。

[調理担当]

フォークロア（南雲主宇三・佐藤由紀乃）

12

[材料（1人分）]

ビーツジュース（市販品）… 40mL

ラプサンスーチョン（30mLを使用）

　紅茶の茶葉（ラプサンスーチョン）… 4g

　熱湯 … 150mL

アマゾンカカオウォーター＊ … 10mL

発酵カカオシロップ（市販品）… 5mL

レモンジュース … 5mL

ナッツメッグ（ホール）… 少量

氷 … 適量

＊ … 市販のアマゾンカカオパウダーに適量の熱湯を加えて溶かし、冷ましたもの。

[つくり方]

01 … 紅茶を淹れる。ラプサンスーチョンの茶葉に熱湯50mLを注ぎ、3分間置いて抽出する。同じ方法で三煎まで出し、すべてを合わせて急冷する。

02 … シェイカーにビーツジュース、30mLの01、アマゾンカカオウォーター、発酵カカオシロップ、レモンジュース、氷を入れてシェイクする。

03 … ショートカクテルグラスに氷を入れ、02を注ぎ、上からナッツメッグを削りかける。

黒無花果 黒胡麻 黒麹 ハイビスカス ガストリック

［ペアリング例］
—

黒イチジクと黒ゴマの相性のよさから着想。フィグリーフティー、ハイビスカスティー、黒イチジクのピュレ、黒ゴマ、黒甘酒などにガストリックを合わせて冷蔵庫に半日おいた。黒甘酒は泡盛造りに使われる黒麹を使ってつくられた甘酒。黒麹から出るクエン酸とハイビスカスティーの酸味の取り合わせだ。

［調理担当］
The SG Club（後閑信吾・永峯侑弥）

13

［**材料**（つくりやすい分量）］
フィグリーフティー（熱湯で抽出して急冷したもの）… 25mL
ハイビスカスティー（熱湯で抽出して急冷したもの）… 25mL
黒イチジクのピュレ … 50g
黒甘酒[*1] … 25g
カシスのピュレ … 15g
黒ゴマ（すったもの）… 5g
ガストリック[*2] … 5g

＊1 … 泡盛造りで使われる黒麹菌を使って造られた甘酒。沖縄の泡盛メーカー製を使用。

＊2 … ヴィンコットとラズベリーヴィネガーを合わせて煮詰めたもの。

［**つくり方**］
01 … 容器にすべての材料を入れて混ぜ、冷蔵庫に半日置く。漉す。
02 … ワイングラスに01を100mL注ぐ。

クプアス とうもろこし トンカ コールドブリューコーヒー

[ペアリング例]
—

先進的なペルー料理を手がける「MAZ」で食事をした際に「思いついた」(永峯氏)という、カカオの仲間「クプアス」とペルー特産のトウモロコシの組合せ。クプアスのピュレからつくったクプアスウォーターがベースで、バターを思わせるややコクのある風味と、軽い発酵のニュアンスを楽しめる。

[調理担当]
The SG Club (後閑信吾・永峯侑弥)

14

[材料]（1人分）
クプアスウォーター（80mLを使用）
　クプアスのピュレ* … 400g
　水 … 200mL
　凝固剤（アガー）… 1g
水出しコーヒー（ゲイシャ種）5mL
トウモロコシパウダー … 1g
トンカパウダー … 0.5g

＊ … クプアスは主に南米に生育するカカオの仲間。実をピュレ状にして真空パックした市販品を使用。

[つくり方]

01 … クプアスウォーターをつくる。クプアスのピュレ、水、凝固剤を合わせてかき混ぜながら加熱し、凝固剤を溶かす。粗熱をとった後に冷蔵庫に入れて冷やし固める。漉して液体を取りおく。

02 … 容器に80mLの01、水出しコーヒー、トウモロコシパウダー、トンカパウダーを入れて混ぜる。

03 … ワイングラスに02を注ぐ。

妖艶な林檎

［ペアリング例］
鴨のロースト 赤ワインとベリーのソース

鴨によく合うブルゴーニュ産の赤ワインから着想を得たドリンク。酸味と芳醇な香りを紅玉で、土の香りをビーツで表現し、"第二のソース"となるようなイメージで仕立てた。紅玉とビーツをそれぞれスチコンで加熱してジューサーにかけ、漉して使用。一度火を入れることで、液体に温かみのある香りを移す。

［調理担当］
CAINOYA（塩澤隆由）

［材料（つくりやすい分量）］
リンゴ（紅玉）… 400g
ココナッツウォーター … 150g
ハチミツ（ドングリ）… 15g
ビーツ … 1個
発酵カシスジュース* … 5g

＊ … カシスに重量の2%量の塩を加えて真空にかけ、常温で3日間、冷蔵庫で2日間おき、紙漉ししたもの。

［つくり方］
01 … リンゴを210℃・湿度20%のスチコンで2分間加熱し、すぐにショックフリーザーで冷やす。
02 … 01の芯を取り除いて皮ごと小角に切り、ココナッツウォーターとハチミツ（ドングリ）とともにミキサーで撹拌する。紙漉しする。
03 … ビーツを85℃・湿度100%のスチコンで10分間加熱し、すぐにショックフリーザーで冷やす。
04 … 03の皮をむいて小角に切る。低速ジューサーで果汁を搾る。
05 … 60gの02、1gの04と発酵カシスジュースを合わせて、グラスに注ぐ。

林檎 台湾茶 ホエイ 発酵林檎ソルベ

[ペアリング例]
新タマネギをさまざまに調理した前菜

台湾の烏龍茶とリンゴ果汁を合わせ、ホエーでボ
リューム感を出した液体がベース。そこに浮かぶ白
い球体は、リンゴ果汁でつくったコンブチャのソルベ。
このソルベでテクスチャーと温度に変化をもたらし、
コースの流れに抑揚をつける。

[調理担当]
白井屋ザ・レストラン（児島由光・片山ひろ）

16

[材料（つくりやすい分量）]
リンゴのコンブチャのソルベ
リンゴ（群馬・川場村の染谷りんご園産）果汁 … 1L
スコービー … 適量
台湾茶入りリンゴジュース（1人分80mLを使用）
台湾茶の茶葉（杉林渓高山茶）… 10g
湯 … 200mL
水 … 800mL
リンゴ果汁 … 1L
ホエー* … 300mL
仕上げ
氷 … 適量

＊ … 群馬県産のヨーグルトを水切りしてとったもの。

[つくり方]
リンゴのコンブチャのソルベ
01 … 瓶にリンゴ果汁とスコービーを入れ、ペーパーナプ
キンで蓋をして紐や輪ゴムでとめる。約10日間24℃以
上の場所に置いて発酵させる。
02 … 01を直径1cmの球体の型に入れてブラストチラー
で凍らせる。
台湾茶入りリンゴジュース
01 … 台湾茶の茶葉に湯を注いで抽出し、茶葉が開くま
で蒸らす。
02 … 01に水を加え、半日ほど冷蔵庫で置く。漉す。
03 … 02とリンゴ果汁を合わせ、ホエーを加える。
仕上げ
01 … グラスに氷を入れ、リンゴのコンブチャのソルベを
3〜4粒盛る。台湾茶入りリンゴジュースを80mL注ぐ。
02 … 01に石にのせたスプーンを添えて提供する。

パッションフルーツ 麹

［ペアリング例］
コース序盤の演出効果を狙って

強い酸味を持つパッションフルーツの果肉に、地元の酒蔵が造る甘酒で甘みをプラス。さらに、ディルの花を漬けて香りを移した白ワインヴィネガーを入れて異なる酸味を加え、多層的な味わいをつくった。パッションフルーツの皮を器に見立ててドリンクを注ぎ、ストローで飲んでもらう。

［調理担当］
白井屋 ザ・レストラン（児島由光・片山ひろ）

17

［材料］（1人分）
パッションフルーツと米麹のジュース（80mLを使用）
パッションフルーツ（沖縄県産）… 1個
甘酒（群馬・大間々の近藤酒造「赤城山あまさけ」）… 30mL
ディルのマリネ液（8mLを使用）
白ワインヴィネガー … 40g
砂糖 … 12g
塩 … 4g
水 … 120g
ディルの花 … 20本

［つくり方］
パッションフルーツと米麹のジュース
01 … パッションフルーツにセルクルで直径1cmの穴を開け、果肉と種を取り出す。果肉に白いスジがついていたら取り除く。皮は仕上げ用に取りおく。
02 … 01の果肉と種に甘酒を合わせる。
ディルのマリネ液
01 … ディルの花以外の材料を鍋に入れて火にかけ、80℃まで加熱する。
02 … 01の火を止めてディルの花を入れる。
03 … 02の粗熱をとって真空パックにし、冷蔵庫で保管する（この状態で約1ヵ月間保存可能）。
仕上げ
01 … パッションフルーツと米麹のジュース80mLに対し、ディルのマリネ液8mLを合わせて混ぜる。
02 … ガラス製の器に砂利を敷いて石を置き、取りおいたパッションフルーツの皮をのせる。
03 … 02のパッションフルーツの皮の穴からパッションフルーツと米麹のジュースを注ぎ、紙製のストローを挿す。パッションフルーツを手に持ち、ストローで飲むようにすすめる。

西瓜 大葉 塩

18

［ペアリング例］
アユの料理

2杯構成で、奥はスイカの果汁。手前はスイカ果汁を加熱して透明な液体を抽出したもの。手前のグラスにオオバとそのアイスを盛って塩をふった。「2杯とも調味していないのでほぼ同じ味のはずなのに、色が違うと異なる味に感じます。視覚情報による味覚の変化を体験していただくドリンクです」（児島氏）。

［調理担当］
白井屋ザ・レストラン（児島由光・片山ひろ）

［材料（つくりやすい分量）］

赤いスイカジュースと透明なスイカジュース
スイカ（群馬・太田の松本三津雄氏が栽培する小玉スイカ）… 適量

大葉のアイス
オオバ … 60枚
シロップ … 15mL
砂糖 … 45g
牛乳 … 500mL
スキムミルク … 80g
生クリーム（乳脂肪分42%）… 40g

仕上げ
オオバ … 適量
塩 … 少量

［つくり方］

赤いスイカジュース
01 … 皮をむいたスイカを、ハンドブレンダーで種がつぶれない程度に軽くまわす。リードペーパーを敷いたシノワで漉す。
02 … 01を冷蔵庫で冷やす。半量は透明なスイカジュース用に取りおく。

透明なスイカジュース
01 … 赤いスイカジュースの半量を鍋に入れて加熱し、色素が分離してきたら火を止める。
02 … コーヒーフィルターを敷いたシノワで01を漉し、透明な液体を抽出する。
03 … 02を冷蔵庫で冷やす。

大葉のアイス
01 … 鍋にオオバとシロップ、砂糖を入れて加熱する。
02 … 01と牛乳を合わせ、スキムミルクと生クリームを加える。パコジェットの専用容器に入れてブラストチラーで凍らせる。
03 … 提供時に02をパコジェットにかける。

仕上げ
01 … 2つのワイングラスに赤いスイカジュースと透明なスイカジュースをそれぞれ80mLずつ注ぐ。
02 … 01の透明なスイカジュースのグラスの上にオオバをのせる。その上にクネル形に取った大葉のアイス10gを盛り、上に塩をふる。

スイカと紅茶のモクテル

19

［ペアリング例］
夏野菜を使った前菜や魚介料理に

甘くフローラルな香りの紅茶茶葉「マルコポーロ」に、すっきりとした甘味のスイカ果汁を合わせた。「一般的に、酸味の強い柑橘などより、スイカのように酸味の少ないフルーツのほうが料理と合わせやすいと思います」（高橋氏）。スイカ果汁と紅茶はあらかじめ合わせておけば提供もスムーズ。

［調理担当］
Low-Non-Bar（高橋弘晃・反町圭佑）

［材料（つくりやすい分量）］
紅茶の茶葉（マリアージュフレール「マルコポーロ」）… 4g
熱湯 … 120mL
スイカの果肉 … 90g
シロップ … 10mL
レモン果汁 … 5〜10g
グレープフルーツ果汁＊ … 10mL
氷 … 適量

＊ … なければ省略可能。

［つくり方］
01 … 紅茶の茶葉を熱湯で1分ほど煎じて漉し、急冷する。
02 … シェイカーに01、スイカの果肉、シロップ、レモン果汁、グレープフルーツ果汁を入れ、ペストルなどでスイカをつぶしてシェイクする。
03 … グラスに氷を入れ、02を漉しながら注ぐ。

【スイカに塩】日本が誇る夏の対比効果。
〜湖魚の肝の旨みを引き上げる芳香〜

［ペアリング例］
小アユのフリット

「スイカと塩」が主役のドリンク。サンブーカ風のスパイスでイタリア色を加え、香りがより楽しめるようにさらりとした質感に。スイカのウリ臭が立ちすぎないようにぐい呑みに入れ、縁にすりつぶしたスイカの種と塩とパチパチキャンディを合わせたものをつけて発泡感を演出した。

［調理担当］
Pepe Rosso（今井和正）

20

［材料］（1人分）

スイカ（種も食べられる品種）の果肉 … 60g
グリーンアニス … 0.1g
ペパーミント（葉）… 2枚
エルダーフラワーシロップ … 5g
スイカ（種も食べられる品種）の種 … 3粒
塩（海塩）… スイカの種と同量
パチパチキャンディ（SOSA社「ペタクリスピー　ニュートラル」）…
　0.1g
オリーブオイル … 少量
ミントの花 … 少量

［つくり方］

01 … スイカの皮をむき、果肉と種を分ける。種は食品乾燥機などで乾燥させる。
02 … 01の果肉60gをスロージューサーで搾り、果汁にグリーンアニスとペパーミント、エルダーフラワーシロップを加え、搾りかすも入れてミキサーで撹拌する。空気に触れないように、真空パックにして一晩おく。
03 … 02をさらしでしっかりと漉す。
04 … スイカの種をすりつぶし、塩とパチパチキャンディと合わせる。
05 … ぐい呑みの縁半分にオリーブオイルを薄く塗り、04をまぶしつける。03を注いでミントの花を散らし、04をまぶしつけた箇所から飲むようにすすめる。

練馬村田農園の畑で自然と干された濃縮トウモロコシ
〜発酵で繋ぐ乳製品との親和性〜

［ペアリング例］
リコッタのラヴィオリ チーズのソース

通常は廃棄されてしまう二番果のトウモロコシを使ったドリンク。トウモロコシの実を搾ったジュースと芯を発酵させたジュースを合わせ、とろみのあるテクスチャーにして二番果の凝縮した甘みを際立たせた。香りの演出として、木の杯の内側にハーブやスパイスの香りをすりつけ、すぐに注ぎ蓋を閉めて提供する。

［調理担当］
Pepe Rosso（今井和正）

21

［材料（つくりやすい分量）］
発酵トウモロコシジュース
　トウモロコシ（パールホワイトの二番果）の芯 … 1本分
　トウモロコシの茎 … 5g
　塩 … 1g
　水 … 100g
トウモロコシ（パールホワイトの二番果）の実 … 1〜2本分
ローズマリー … 約1枝
ブラッククミン … 小さじ1
オリーブオイル … ブラッククミンが浸る量

［つくり方］

01 … 発酵トウモロコシジュースをつくる。トウモロコシの芯を150℃のオーブンで30分間ほど焼いて冷ます。

02 … トウモロコシの茎を搾って汁を集める（なければ水でも可）。

03 … 01と02を合わせて塩と水を加え、袋に入れて真空にし、3日間ほどおいて発酵させる。

04 … トウモロコシの実をスロージューサーで搾り、粉っぽさがなくなるまでしっかりと2、3回に分けて丁寧に漉す（仕上がりは約100g）。

05 … 03から液体部分を取り、火にかけて1/3量程度まで煮詰めて、冷ます。

06 … 100gの04と1gの05を合わせる。

07 … 木彫りの杯の内側にローズマリーをすりつけて香りを移す。

08 … ブラッククミンをすりつぶしてオリーブオイルと合わせ、香りを移す。このオイルを07の杯の内側に塗る。

09 … 08の杯に06を注ぎ、蓋を閉じて香りを閉じ込める。

飲む輸血〜イタリアの勿体無い文化から
「豚には捨てるところがない」を注いだ一杯〜

［ペアリング例］
鶏レバーと挽き肉のカチャトーラ

鶏の肝臓や豚肉を使った「猟師風パスタ」に合わせるドリンク。豚の血と、「飲む血液」と呼ばれるビーツで仕上げた真っ赤な液体に、修道院のスパイスとも言われるシナモンやクローヴで香りづけした。狩猟と信仰というイタリアの食の歴史を支える要素を取り入れた、文化的背景を含めて楽しむための一品。

［調理担当］
Pepe Rosso（今井和正）

22

［材料（つくりやすい分量）］

ビーツのジュース[*1] … 344g

豚の血 … 26g

トマトヴィネガー（イタリア・ムッティ社製）… 28g

クローヴ … 1粒

アニス … 1/6個

シナモン … 5mm分

ホースラディッシュ（スライス）… 1枚

セージ … 2g

発酵セージ[*2] … 2g

ブドウ茶の茶葉[*3] … 2g

リンゴ … 適量

オリーブオイル … 少量

＊1 … ビーツをスロージューサーにかけて果汁をとり、漉したもの。

＊2 … セージの葉を天日干ししてから軽くすりつぶして、26℃・湿度90%の発酵室で3時間蒸らして発酵させ、その後、70℃の食品乾燥機で半日乾燥させて発酵を止めたもの。

＊3 … 紅葉したブドウの葉を乾燥させて砕いたもの。

［つくり方］

01 … ビーツのジュースと豚の血を鍋に合わせて火にかけ、沸騰したらトマトヴィネガーを入れる。タンパク質が凝固したら、漉す。

02 … 01にクローヴ、アニス、シナモン、ホースラディッシュを入れて軽く熱し、冷ます。

03 … 02を再度熱して、沸いたら、セージ、発酵セージ、ブドウ茶の茶葉を入れて3分間蒸らす。

04 … 03をさらしで漉し、氷水に当てて急冷する。

05 … リンゴをスロージューサーで搾り、漉す。

06 … 04に05を加えて、飲みやすい味わいに調整する。

07 … 杯に06を100g注ぎ、オリーブオイルを数滴たらす。

ホットコーラ

23

CHAPTER 4 フルーツ、野菜、スパイス

［ペアリング例］
鹿やイノシシ、鴨などのジビエ料理

柔らかく煮たレモンとスパイス類をペースト状にした「コーラのジャム」を、お湯割りに。「米国では風邪を引いた時に温かいコーラとレモンを食べると聞き、キャラメリゼしたレモンを添えました」（芝先氏）。レモンをひと口で食べてからホットコーラを飲むようにすすめる。

［調理担当］
IZA（芝先康一）

［材料］（1人分）

コーラのベース（8gを使用）

レモン … 1個
グラニュー糖 … 140g
アニスパウダー … 0.5g
シナモンパウダー … 3g
コリアンダーパウダー … 1g
カルダモンパウダー … 3g
クローヴパウダー … 0.5g
ナッツメッグパウダー … 1g
フェンネルパウダー … 0.5g
水 … 30g
ライム果汁 … 2g

仕上げ

湯 … 30g
レモン（スライス）… 少量
グラニュー糖 … 適量

［つくり方］

コーラのベース

01 … 鍋に水（分量外）と皮付きのレモンを丸のまま入れて3回ゆでこぼす。レモンに竹串がスッと刺さるまで約1時間煮る。

02 … 01からレモンを取り出し、半分に切って種を取り除く。

03 … 02のレモンとその他の材料すべてをフード・プロセッサーでまわしてペースト状にする。

04 … 03を裏漉しする。

仕上げ

01 … ガラス製のマグカップにコーラのベース8gと湯を加えてよく混ぜる。

02 … レモンにグラニュー糖をふり、バーナーであぶってキャラメリゼする。

03 … 01を木のプレートに置き、スプーンに盛った02を添える。まずは02を食べ、その後01を飲むようにすすめる。

CHAPTER 5
発酵

発酵マッシュルームエキス

［ペアリング例］
ヤマドリタケのだしを浸透させたシマアジの寿司

マッシュルームと塩を真空パックにして発酵させた、
強く濃厚な味わいの1杯。ヤマドリタケのスープを
浸透させたシマアジの料理に合わせる。「見た目の
楽しさやうまみの強さから、お客さまの印象に残りや
すい料理です。その料理に負けないように、ドリンク
でも塩気とうまみを明確にしました」（杉岡氏）。

［調理担当］
プレゼンテ スギ（杉岡憲敏）

01

［材料（つくりやすい分量）］
マッシュルーム … 500g
塩（千葉・勝浦の勝浦塩製作研究所製「勝浦塩 新月の煌」）…
　10g

［つくり方］
01 … 掃除したマッシュルームを丸のまま塩とともに真空
パックにし、発酵して真空パックがぱんぱんに膨らむまで
常温に置く。置く場所は、寒い時季は背の高い棚の上
の温かいところ、暑い時季は地面に近く比較的涼しいと
ころや冷蔵庫といったように気温によって変える。
02 … 01のマッシュルームからしみ出た液体を、リード
ペーパーを敷いたシノワで漉す。
03 … 02をグラスに30mL注ぐ。

ネギジンジャーエール

02

［ペアリング例］

ブリとダイコンを合わせた品

ネギとショウガを用い、料理に添えるソースのような
イメージでつくったドリンク。ベースは紅茶のコンブ
チャにスパイスを加えて発酵させた後、ざく切りにし
たネギを加えてさらに発酵させた濃いシロップ。「ネ
ギの香りは料理に合わせやすい。焼いたネギをドリン
クにしてもおもしろいかもしれません」（杉岡氏）。

［調理担当］

プレゼンテ スギ（杉岡憲敏）

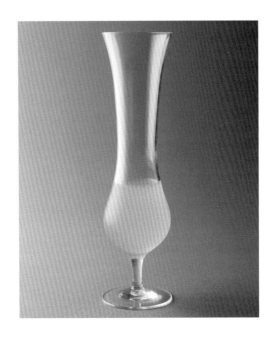

［材料（1人分）］

ネギジンジャーエールのベース（20gを使用）

ショウガ（千葉県産。皮ごときざむ）… 3kg

砂糖 … 6kg

黒コショウ … 30g

シナモンスティック … 6本

クローヴ … 6g

カルダモン … 18g

タカノツメ … 18g

実山椒（乾燥でも生でも可。生の場合はきざむ）… 30g

ローリエ（生）… 30枚

ユズ果汁 … 1L

アールグレイとハチミツのコンブチャ゛ … 4L

長ネギ（千葉県産。白い部分のみ使用）… 50g

仕上げ

強炭酸水 … 50g

＊ … 紅茶の茶葉（アールグレイ）6g、ハチミツ（千葉県産の純粋ハチミ
ツ）100g、水1L、スコービー適量を瓶に入れ、布巾で蓋をして輪ゴム
でとめ、常温に置いて発酵させたもの（今回は酸味が出るまで4ヵ月間ほ
どおいたものを使用）。

［つくり方］

ネギジンジャーエールのベース

01 … 長ネギ以外の材料をすべて瓶に入れて蓋をし、常
温で発酵させる（期間は季節によって異なる）。1週間に1回
は蓋を開けてガスを抜き、味をみて好みの酸味になった
ら冷蔵庫に入れて発酵を遅らせる。漉す。

02 … 01にざく切りにした長ネギを加え、常温で1週間
ほど置いて発酵させる。漉す。

仕上げ

01 … グラスにネギジンジャーエール20gと強炭酸水を
注ぐ。

カモミールコンブチャ・コリアンダー・
マスカット・オレンジタイム・レモンピール

［ペアリング例］
カリフラワーのブランマンジェとコリアンダーの葉の
ゼリー寄せ

リースリング種の白ワインから着想。「リースリングの
特徴を表す柑橘のフルーティーさやペトロール香に、
カモミールの風味と共通点を感じて」（石崎氏）、カモ
ミールティーのコンブチャをベースとした。これに、コ
リアンダーシードやマスカット、フレッシュのカモミー
ルの花などを“二次発酵”のイメージで漬け込んだ。

［調理担当］
ユマニテ（石崎優磨）

03

［材料（つくりやすい分量）］
カモミールコンブチャ

　カモミールティーの茶葉 … 20g
　水 … 1L
　グラニュー糖 … 150g
　スコービー … 適量
マスカット … 20g
コリアンダー（粒） … 3g
カモミールの花（岡山・美作のGGファーム産） … 10g
オレンジタイム（岡山・美作のGGファーム産。花付き） … 5g
レモンピール＊ … 2g

＊ … レモンの皮を食品乾燥機で乾燥させたもの。

［つくり方］
01 … カモミールコンブチャをつくる。カモミールティーの
茶葉を容器に入れ、水とグラニュー糖を合わせて沸かし
たものを注ぐ。風味が抽出されるまで5分間ほど蒸らす。
02 … 01を漉して常温まで冷まし、スコービーを入れる。
pHが下がった前回の残りのコンブチャがあれば加え（分
量外）、ガーゼと輪ゴムなどで口を覆い、約1週間常温に
置く。
03 … 02がほんのりと甘ずっぱくなった頃合いでスコー
ビーを取り出し、漉す。真空パックにして冷蔵保存する。
すぐに使わない場合は冷凍保存する。
04 … フィルター付きのボトルに、皮ごと軽くつぶしたマス
カット、コリアンダーの粗挽き、カモミールの花、オレン
ジタイム、レモンピールを入れ、03を注ぎ入れる。冷蔵
庫に3日間以上置く。
05 … 04をワイングラスに70mL注ぐ。

玉露コンブチャ・木ノ芽・ライム・マンゴー・ホエー

［ペアリング例］

白子のムニエル、リ・ド・ヴォーのグラタン仕立てなど

玉露のコンブチャに木ノ芽とライム、乾燥させたマン
ゴーの皮、ホエーを漬け込んだ一杯。玉露のうまみ
にさまざまなタイプの酸味を重ね、マンゴーの甘い香
りやライムや木ノ芽の清涼感のある香りを添えている。

［調理担当］

ユマニテ（石崎優磨）

04

［材料（つくりやすい分量）］

玉露コンブチャ

　玉露の茶葉 … 20g

　水 … 1L

　グラニュー糖 … 150g

　スコービー … 適量

木ノ芽 … 5g

ライム … 1/2個

マンゴーの皮のチップ*1 … 10g

ホエー*2 … 30mL

＊1 … マンゴーの皮を食品乾燥機で乾燥させたもの。

＊2 … プレーンヨーグルトを水切りした際に出た液体を使用。

［つくり方］

01 … 玉露コンブチャをつくる。玉露の茶葉を容器に入れ、
水とグラニュー糖を合わせて沸かしたものを注ぐ。風味が
抽出されるまで5分間ほど蒸らす。

02 … 01を漉して常温まで冷まし、スコービーを入れる。
pHが下がった前回の残りのコンブチャがあれば加え（分
量外）、ガーゼと輪ゴムなどで口を覆い、約1週間常温に
置く。

03 … 02がほんのりと甘ずっぱくなった頃合いでスコー
ビーを取り出し、漉す。真空パックにして冷蔵保存する。
すぐに使わない場合は冷凍保存する。

04 … フィルター付きのボトルに、木ノ芽、ライムのスライ
ス、マンゴーの皮のチップ、ホエーを入れ、03を注ぎ入
れる。冷蔵庫に3日間以上置く。

05 … 04をワイングラスに50mL注ぐ。

フィノキエットと白桃とジャスミン茶のコンブチャ

［ペアリング例］

マクワウリ ワカタイ風味のフリット

ベースのジャスミン茶は、発酵させたコンブチャと
オールスパイスを加えたストレートティーを合わせて
酸味とタンニンを引き出した。ここに旬の桃と相性の
よいフィノキエットで季節感を表現。揚げものと合わ
せることを想定し、飲み口が重くならないようにしっ
かりと紙漉ししてクリアな仕上がりとする。

［調理担当］

野田（野田雄紀）

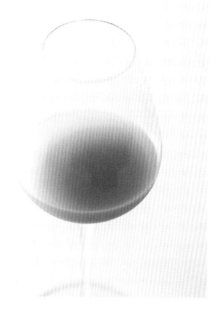

05

［材料（1人分）］

ジャスミン茶のコンブチャ（10mLを使用）

　ジャスミン茶の茶葉 … 5g

　水 … 1L

　グラニュー糖 … 80g

　スコービー … 適量

オールスパイス風味のジャスミン茶（10mLを使用）

　ジャスミン茶の茶葉 … 6g

　オールスパイス … 5粒

　熱湯 … 100mL

白桃ジュース … 20mL

フィノキエット* … 1g

＊ … 野生種に近いフェンネルの一種。葉をハーブとして用いる。

［つくり方］

01 … ジャスミン茶のコンブチャをつくる。鍋に水を沸騰
させて火を止め、ジャスミン茶の茶葉を入れて1時間お
いたら漉す。

02 … 01にグラニュー糖を加えて溶かし、スコービーを入
れて常温で10日～2週間おく。

03 … オールスパイス風味のジャスミン茶をつくる。ジャ
スミン茶の茶葉とオールスパイスを合わせて湯を注ぎ、3
分間おいたら漉して冷ます。

04 … 02の液体10mLに03を10mL合わせ、白桃ジュー
スとフィノキエットを加えてミキサーにかけ、紙で漉す。

05 … グラスに04を注ぐ。

カカオ 海苔コンブチャ カシューナッツ

［ペアリング例］
—

徳島県産のスジアオノリでコンブチャをつくり、カカオティー、カシューアップルジュースと合わせて、トニックウォーターと炭酸水を加えた。カシューアップルのマンゴーのような甘み、酸味、渋み、そしてスジアオノリのコンブチャの酸味とヨード香が風味に複雑さをつくる。

［調理担当］
The SG Club（後閑信吾・永峯侑弥）

06

［材料］（1人分）

カカオティー[*1] … 20mL

海苔コンブチャ（20mLを使用）

　スジアオノリ（乾燥）… 5g

　包種茶[*2] … 2L

　砂糖 … 200g

　スコービー … 適量

カシューアップルジュース（20mLを使用）

　カシューアップルペースト[*3] … 400g

　パイナップルジュース … 200g

凝固剤（アガー）… 1g

トニックウォーター … 30mL

炭酸水 … 30mL

氷 … 適量

＊1 … カカオハスク（カカオ豆の皮）などを破砕して焙煎したものに熱湯を注いで抽出し、急冷したもの。
＊2 … 烏龍茶の中でも発酵度が低い緑茶に近いお茶。
＊3 … カシューアップルはカシューの花柄（かへい）が膨らんだもの。生食するほか、ジャムや清涼飲料水などの原料とする。市販のペーストを使用。

［つくり方］

01 … 海苔コンブチャをつくる。容器にスジアオノリ、包種茶、砂糖、スコービーを入れ、室温に1週間ほど置く。

02 … カシューアップルジュースをつくる。カシューアップルペースト、パイナップルジュース、凝固剤を合わせてかき混ぜながら加熱し、凝固剤を溶かす。粗熱を取った後に冷蔵庫に入れて冷やし固める。コーヒーフィルターで漉し、液体を取りおく。

03 … グラスに氷を入れ、20mLの01、20mLの02、カカオティー、トニックウォーター、炭酸水を注いで混ぜる。

ノンアルコール ダルスティー

［ペアリング例］
鶏やキノコなどの旨味豊富なソースを合わせたエノ
キのステーキ

海藻のダルスでつくるコンブチャに、昆布だし、水出
し玉露、トマトウォーター、ジロールのシロップといっ
たうまみ成分を重ね合わせた。提供前に若ヒジキと
ディルでつくる海の香りのスプレーを吹きかける。う
まみの強い料理に同調するボリューム感を持ちつつ、
酸味と苦みが料理の油脂を断ち、後味をすっきりさ
せる。

［調理担当］
ルーラ（ジェイカブ・キアー）

07

［材料（つくりやすい分量）］
ダルスコンブチャ（1.3kgを使用）
ダルス（北海道産の海藻・アカハタ。乾燥）… 80g
水 … 4 kg
グラニュー糖 … 440g
前回つくったダルスコンブチャ … 444g
スコービー … 1枚（10cmほどのもの）
仕上げ
昆布だし（水出ししたもの）… 600g
玉露（水出ししたもの）… 280g
ジロールシロップ*1 … 84g
塩 … 1g
トマトウォーター*2 … 280g
海の香りのエッセンス*3 … 少量

＊1 … アガベシロップと水を混ぜ合わせ、そこにジロールを浸して一
晩置き、漉したもの。
＊2 … ヘタを取り、ざく切りにしてミキサーにかけたトマトをリードペー
パーを敷いたザルにあけ、一晩かけて漉したもの。
＊3 … 若ヒジキ、ディル、塩、水を混ぜ合わせ、1時間置いて、布で
漉したもの。

［つくり方］
ダルスコンブチャ

01 … ダルスと水、グラニュー糖を大きめの袋に入れて真
空パックにし、60℃・湿度100%のスチコンで1時間半加
熱する。

02 … 01を袋ごと氷水に落として冷やし、目の細かいザ
ルで漉す。

03 … 02に前回つくったダルスコンブチャを加え、スコー
ビーを液体の中に静かに入れる。瓶の上部を布で覆い、
10日間ほど23〜26℃の環境に置く。

仕上げ

01 … ダルスコンブチャ1.3kg、昆布だし、玉露、ジロー
ルシロップ、塩、トマトウォーターを混ぜ合わせ、冷蔵庫
で冷やす。

02 … 大ぶりのワイングラスに01を50mL注ぎ、スプレー
ボトルに入れた海の香りのエッセンスを2プッシュ、提供
前に吹きかける。

ローズ／ハイビスカス＆ビーツ「レディ」

［ペアリング例］
ホワイトアスパラガスなど野菜の薪焼き タヒニソース

「ある国の味にインスパイアされた料理には、その国
のドリンクを取り入れる」（キアー氏）という考えから、
トルコなどで定番の白ゴマのペースト「タヒニ」に合
わせ、ザクロやバラをつかったドリンクを考案。バラ
とハイビスカスのコンブチャに、さまざまな香りと酸
味の要素を加えて華やかさを表現する。

［調理担当］
ルーラ（ジェイカブ・キアー）

08

［材料（つくりやすい分量）］
ローズ＆ハイビスカスコンブチャ（5.2kgを使用）
グラニュー糖 … 480g
水 … 3.25kg
バラの花びら（食品乾燥機で乾燥させたもの）… 40g
ハイビスカス（乾燥）… 20g
前回つくったローズ＆ハイビスカスコンブチャ … 400g
スコービー … 適量
仕上げ
エルダーベリーティー … 1.6kg
ヴェルジュ・ブラン*1 … 1.1kg
完熟グーズベリーヴィネガー*2 … 200g
ザクロシロップ … 260g
ビーツのリダクション*3 … 400g
ローズウォーター … 12g
クエン酸 … 6g

＊1 … 未熟な白ブドウからつくられたジュース。
＊2 … 完熟グーズベリーを容器の中でつぶし、1週間常温に置いて漉し
たもの。
＊3 … ジューサーで搾ったビーツの搾り汁をとろみがつくまでゆっくり
加熱したもの。

［つくり方］
ローズ＆ハイビスカスコンブチャ
01 … グラニュー糖と水480gを沸騰させ、バラの花びら
とハイビスカスを加え、蓋をして30分間浸す。
02 … 01を目の細かいザルで漉し、残りの水を注ぐ。前
回つくったローズ＆ハイビスカスコンブチャを加え、スコー
ビーを液体の中に静かに入れる。瓶の上部を布で覆い、
10日間ほど常温に置く。
仕上げ
01 … ローズ＆ハイビスカスコンブチャ5.2kgと仕上げの
材料すべてを混ぜ合わせ、ソーダマシンに1.25L入れる。
炭酸ガス（分量外）を2個分注入し、冷蔵する。
02 … 01をワイングラスに50mL注ぐ。

ピーチパイン、ひめこなつ、奥八女玉露

［ペアリング例］
トウモロコシのズッパ 黒コショウのアクセント

トウモロコシの料理に合わせ、同じトーンの「イエローフレーバー」を持つパイナップルを使用。皮も一緒に発酵させて、スパイシーな香りをまとったジュースをつくる。そこに黄肉桃のひめこなつを丸ごと使ったコンブチャや氷出し玉露を混ぜ、より複雑で多層的に仕上げた。

［調理担当］
FARO（桑原克也）

09

［材料（つくりやすい分量）］

ピーチパインの発酵ジュース
パイナップル（沖縄県産ピーチパイン）… 適量
テンサイ糖 … パイナップルの重量の10～20%量
水 … 適量

ひめこなつのコンブチャ
桃（ひめこなつ）… 約200g
砂糖水 … 1L
 │ 水 … 適量
 │ 砂糖 … 水の重量の10%量
スコービー … 50g

奥八女玉露
玉露の茶葉（福岡県・八女産）… 10g
氷 … 200g

［つくり方］

ピーチパインの発酵ジュース

01 … パイナップルの皮をむいて適当な大きさに切る。果肉と皮の一部（2cm×5cm程度）を袋に入れ、テンサイ糖を加える。果肉が被る程度の水を加えて真空にし、室温で1日半程度おいて発酵させる。

02 … 01の発酵状態を確かめてから皮は除き、残りをスロージューサーで搾る。

ひめこなつのコンブチャ

01 … 桃を洗って水気をふき取る。

02 … 砂糖水をつくる。鍋に水を入れて沸かし、砂糖を加えて溶かしたら、常温まで冷ます。

03 … 容器に01の桃を入れて、スコービーをのせ、02の砂糖水を注ぎ入れる。蓋をして常温におき、好みの味になるまで発酵させる（今回はひめこなつの香りを生かすため、浅めの発酵状態で使用）。

奥八女玉露

01 … 玉露の茶葉を容器に入れて上から氷を入れ、氷が全部溶けるまで常温において抽出する。

仕上げ

01 … ピーチパインの発酵ジュース、ひめこなつのコンブチャ、奥八女玉露を7：2：1の割合で合わせ、容器に入れて冷やす（2日間程度で使いきる）。

02 … ワイングラスに01を50mL注ぐ。

キウイフルーツ、グレープフルーツ、山椒コンブチャ

［ペアリング例］
花ズッキーニのフリット

木ノ芽でつくるコンブチャがベース。木ノ芽は葉の香りよりも長期発酵で生じる酸を生かし、ピリッとした後味で全体を引き締める。牡蠣の料理と合わせる想定で、「牡蠣と共通の香り成分を持つキウイフルーツをベースに、セリ科の大和当帰を一緒に発酵させて香りのアクセントをつけました」（桑原氏）。

［調理担当］
FARO（桑原克也）

10

［材料（つくりやすい分量）］

キウイフルーツの発酵ジュース

キウイフルーツ … 適量

砂糖 … キウイフルーツの重量の15%量

水 … 適量

大和当帰 … 少量

グレープフルーツの発酵ジュース

グレープフルーツ（佐賀県産）… 適量

砂糖 … グレープフルーツの重量の15%量

コリアンダーシード … 少量

水 … 適量

山椒コンブチャ

木ノ芽 … 約30g

砂糖水 … 1L

　水 … 適量

　砂糖 … 水の重量の10%量

スコービー … 50g

［つくり方］

キウイフルーツの発酵ジュース

01 … キウイフルーツの皮をむいて適当な大きさに切り、袋に入れる。砂糖、果肉が被る程度の水、大和当帰を入れて真空にする。室温で1日半程度おいて発酵させる。

02 … 01の発酵状態を確かめてから大和当帰は除き、残りをスロージューサーで搾る。

グレープフルーツの発酵ジュース

01 … グレープフルーツを皮ごと適当な大きさに切り、種は取り除いて袋に入れる。砂糖、コリアンダーシード、被る程度の水を加えて真空にし、室温で1日半程度おいて発酵させる。

02 … 01の発酵状態を確かめてから、スロージューサーで搾る。

山椒コンブチャ

01 … 木ノ芽をよく洗う。

02 … 砂糖水をつくる。鍋に水を入れて沸かし、砂糖を加えて溶かしたら、常温まで冷ます。

03 … 容器に01の木ノ芽を入れて、スコービーをのせ、02の砂糖水を注ぎ入れる。蓋をして常温におき、発酵させる。香りとともに酸を足す役割として使用するため、発酵期間は長めとする（今回は約3ヵ月間発酵させたものを使用）。

仕上げ

01 … キウイフルーツの発酵ジュースとグレープフルーツの発酵ジュースを6：4の割合で合わせ、山椒コンブチャをごく少量混ぜ、容器に入れて冷やす（2日間程度で使いきる）。

02 … カクテルグラスに01を50mL注ぐ。

スパイシーサワーベリー

11

［ペアリング例］

カイエット（豚のミンチやレバーの網脂包み焼き）ソース・
ポルト

さわやかでほんのり青い葉の香りがするブドウの葉
のお茶をベースに、クランベリーや発酵ベリーで酸
味、うまみ、甘み、スパイス感などを重ねて、フレッ
シュな果実感を持つ自然派の赤ワインに寄せた風味
を追求した。仕上げにふる黒コショウがアクセント。

［調理担当］

フュージブル（室之園尚美・室之園俊雄）

［材料（1人分）］

ブドウの葉のお茶（50mLを使用）

ブドウの葉（乾燥）… 適量

湯 … 適量

発酵ベリー（5mLを使用）

ベリー類（ブルーベリーやラズベリーなどを合わせて使用）… 適量

塩 … ベリー類の重量の2%

自家製コンブチャ（5mLを使用）

水 … 1L

砂糖 … 100g

紅茶の茶葉 … 4g

緑茶の茶葉 … 4g

前回つくったコンブチャ … 220g

スコービー … 適量

自家製ジンジャーシロップ（3mLを使用）

水 … 300mL

ざらめ糖 … 500g

新ショウガ（スライス）… 600g

シナモンスティック … 1本

クローヴ … 2粒

カルダモン … 10粒

レモン果汁 … 1個分

仕上げ

クランベリージュース … 30mL

アルコールを飛ばした赤ワイン … 2mL

黒粒コショウ … 少量

［つくり方］

ブドウの葉のお茶

01 … ブドウの葉に湯を注いで抽出し、漉して冷ます。

発酵ベリー

01 … ベリー類に塩を加えて真空にかけて常温におく。

02 … 01の発酵が進んで袋が少し膨らみ、軽い酸味と
発酵臭が出てきたら冷蔵庫に移す。発酵が進まないうち
に使いきる。

自家製コンブチャ

01 … 水に砂糖を入れて沸かし、沸騰したら火を止め、
紅茶と緑茶の茶葉を入れて好みの濃さになるまで蒸らす。

02 … 01を漉して常温まで冷まし、前回つくったコンブ
チャとスコービーとともに瓶に入れる。蓋をせず、ガーゼ
と輪ゴムなどで口を覆い、表面に薄い膜ができてほどよ
い酸味が出てくるまで1週間前後常温におく。

03 … 02を漉して冷蔵庫で保管する。

自家製ジンジャーシロップ

01 … レモン果汁以外の材料を合わせて沸かし、10分間
弱火で煮て、火を止める。

02 … 01にレモン果汁を入れて一晩以上おき、漉して冷
蔵庫に入れて保管する。

仕上げ

01 … ブドウの葉のお茶50mL、ミキサーにかけて漉し
た発酵ベリー5mL、自家製コンブチャ5mL、自家製ジン
ジャーシロップ3mL、クランベリージュース、アルコール
を抜いた赤ワインを混ぜ合わせる。14〜15℃に冷やす。

02 … 01をグラスに注ぎ、黒粒コショウを挽きかける。

梅レモングラスティー

［ペアリング例］
アップルヴィネガーでマリネしたニシンとナノハナ

レモングラスのコンブチャにウメシロップを加えた液
体に、ウメの泡を盛った二層構造のドリンク。二層に
分けたのは、「料理を食べ、ドリンク飲み進めるごと
に新たな味わいを生み出す」という狙いから。2つ
の層が混ざり合わないように、梅の泡はやや固めに
つくる。

［調理担当］
IZA（芝先康一）

12

［材料（つくりやすい分量）］
梅レモングラスティー
水 … 850g
レモングラス（乾燥）… 200g
コンブチャパウダー … 6g
ウメシロップ（ポッカサッポロフード＆ビバレッジ「男梅シロップ」。
　　以下同）… 400g
グラニュー糖 … 10g
梅の泡
ウメシロップ … 250g
水 … 50g
板ゼラチン … 3.5g

［つくり方］
梅レモングラスティー
01 … 鍋に水を入れ、レモングラスを加えて煮出す。15
分間蒸らし、漉す。
02 … 01にコンブチャパウダー、ウメシロップ、グラニュー
糖を加えて混ぜる。
梅の泡
01 … ウメシロップと水を鍋で沸かし、氷水（分量外）でも
どした板ゼラチンを加えてホイッパーでよく混ぜる。
02 … 01をサイフォンに入れてガスを充填し、冷蔵庫で冷
やしておく。
仕上げ
01 … ショットグラスに梅レモングラスティーを注ぎ、その
上に硬めの梅の泡を絞って盛る。

自家製コンブチャのモクテル

［ペアリング例］

カオヤム（南タイ式ライスサラダ）

麦茶を発酵させたコンブチャにマンゴージュースを加え、ミントとクラッシュアイスで口中をさわやかにする一杯。口径が狭まったグラスに入れて香りも余さず届ける。濃いめに煮出した麦茶でつくるコンブチャは酸味にほろ苦さが加わり、フルーツジュースを用いても甘さをくどく感じず、食事になじむ。

［調理担当］

CHOMPOO（森枝 幹・高橋秀征）

13

［材料］（1人分）

麦茶コンブチャ（60mLを使用）

　麦茶（濃いめに煮出したもの）… 10L

　グラニュー糖 … 1.5kg

　スコービー … 適量

ミントの葉 … 適量

クラッシュアイス … 適量

マンゴージュース … 10mL

［つくり方］

01 … 麦茶コンブチャをつくる。濃いめに煮出した麦茶にグラニュー糖を加え、常温に冷めたらスコービーを入れて、最低7日間（夏場）〜14日間（冬場）発酵させる。

02 … グラスにミントの葉を入れて軽くつぶし、クラッシュアイスを入れる。01の麦茶コンブチャ、マンゴージュースを加えて混ぜ合わせる。

うまみ甘酒

14

［ペアリング例］
日本酒と相性のよい魚料理など

燗酒のようなドリンクをめざしてつくった、甘酒ベースの温かな一品。和の要素としてカツオ昆布だしを合わせてうまみをプラス。仕上げに塩昆布パウダーで塩気を加えた。「店を構える神奈川・鎌倉は外国人観光客が多いため、日本らしさを感じさせるドリンクを組み込むことはよくあります」（芝先氏）。

［調理担当］
IZA（芝先康一）

［材料（つくりやすい分量）］
甘酒
米麹（マルコメ「プラス糀 米こうじ」）… 300g
水 … 450g
だし
水 … 1L
昆布 … 20g
カツオ節 … 10g
仕上げ
塩 … 適量
塩昆布パウダー* … 適量

＊ … 塩昆布を60℃のオーブンで2時間乾燥させ、ミルでパウダー状にしたもの。

［つくり方］
甘酒
01 … 米麹と水を真空パックにして、55℃の低温調理器で9時間加熱して発酵させる。
02 … 01を真空パックから取り出し、ミキサーでまわす。シノワで漉す。
だし
01 … 鍋に水と昆布を加えて火にかける。60〜62℃ほどまで温度が上がったら昆布を引き上げ、カツオ節を加える。十分に煮出し、漉す（加熱時間は計40分間ほど）。
仕上げ
01 … 甘酒とだしを6：4の割合で合わせ、塩を加えて湯のみに注ぐ。塩昆布パウダーをふりかける。

自家製甘酒パイン

15

［ペアリング例］
タイ風ココナッツ冷やし麺

ココナッツミルク風味のタイの麺料理「カノムチンサウ
ナーム」とのペアリングを想定したドリンク。ココナッ
ツミルクの甘みに添うように、まろやかな甘酒とパイ
ナップルジュースを合わせた。炭酸で軽い口当たり
に仕上げ、世代を問わず親しみやすい仕上がりに。

［調理担当］
CHOMPOO（森枝 幹・高橋秀征）

［材料］（1人分）
甘酒（45mLを使用）
　ご飯 … 400g
　米麹 … 300g
　ぬるま湯 … 450mL
パイナップルジュース … 15mL
炭酸水 … 60mL

［つくり方］
01 … 甘酒をつくる。材料をすべて合わせて60℃で24時
間発酵させる。冷蔵庫で保管する。
02 … グラスに01の甘酒45mL、パイナップルジュース、
炭酸水を注いでかき混ぜる。

ドラゴンフルーツ 黒麹甘酒 味醂

[ペアリング例]
アマダイと発酵バターナッツを合わせた魚料理

発酵・醸造文化に富む愛知県の土地柄を表現した
ドリンク。県産の黒麹からつくる自家製の甘酒に、同
じく県産ミリンを煮切って加え、ベリー類に似た風味
を持ち、発酵の風味と相性がよいドラゴンフルーツ
を合わせた。「実はドラゴンフルーツも、愛知県で栽
培されているものです」(山内氏)。

[調理担当]
RESTAU K YAMAUCHI (山内賢一郎・奥 啓太)

16

[材料(1人分)]
ドラゴンフルーツ(愛知県・田原産)… 1/2個
黒麹甘酒 …(20mLを使用)
| 黒麹(愛知県・西尾市のみやもと糀店製)… 50g
| 水 … 100mL
煮きりミリン* … 15mL
氷 … 適量

＊ … 愛知県・碧南、角谷文治郎商店の三州三河みりんを弱火で煮
きってアルコール分を飛ばし、冷ましたもの。

[つくり方]
01 … 黒麹甘酒をつくる。黒麹、水を発酵器(またはヨーグ
ルトメーカーなど)に入れ、60℃で8時間発酵させる。まん
べんなく発酵するよう、2〜3時間ごとに軽く混ぜる。真
空パックにし、冷蔵庫で保管する。
02 … ドラゴンフルーツの皮をむいて、適宜に切る。皮は
カットして飾り用に取りおく。
03 … 02の果肉をボストンシェイカーのティンに入れ、ペ
ストルでよくつぶす。
04 … 03に、01の黒麹甘酒、煮きりミリンを加え、氷を
入れてシェイクする。
05 … 04を漉して、ソーサーにのせたカップに約50mLを
注ぐ。02の皮の飾りを添える。

ヴィタクリスタル

[ペアリング例]
東南アジアのハーブやスパイスが香る料理

コメと麹を使って甘酒の製法でつくられるノンアルコール発酵飲料「コージクリア」を使用。そのほのかな甘みと複雑なうまみから発想し、うまみ成分豊富なトマトのシュラブ（ヴィネガーシロップ）やココナッツミルクを合わせた。「東南アジアの料理に合わせるイメージです」（佐藤氏）。

[調理担当]
フォークロア（南雲主宇三・佐藤由紀乃）

[材料]（1人分）
コージクリア … 40mL
クリアココナッツミルク … 20mL
トマトシュラブ（5mLを使用）
　トマト … 大4個
　砂糖 … 200g
　白バルサミコ酢 … 100mL
炭酸水 … 30mL
氷 … 適量

＊1 … コメ、麹、水を原料とした清涼飲料水。秋田・大仙の（株）エス製。

＊2 … ココナッツミルク、ココナッツウォーター、レモンジュース、ヴァニラシロップを混ぜてコーヒーフィルターで漉したもの。

[つくり方]
01 … トマトシュラブをつくる。トマトをブレンダーで破砕してコーヒーフィルターで漉し、透明なトマト水を漉しとる。鍋にトマト水、砂糖、白バルサミコ酢を入れて加熱し、砂糖を溶かす。粗熱をとって容器に入れ、冷蔵庫で保存する。
02 … 容器にコージクリア、クリアココナッツミルク、01を入れてステアする。
03 … グラスに氷を入れ、02を注ぐ。炭酸水を加えて軽く混ぜる。

CHAPTER 6
「茶禅華」川田智也のティーペアリング

開業当初からティーペアリングを打ち出している
東京・広尾の中国料理店「茶禅華」。
修業時代から20年来お茶に向き合い続ける川田智也氏に、
お茶にかける思いとペアリングのメソッドを聞く。

ティーペアリングの魅力

中国料理の修業を始めてすぐ、20代の頃からずっとお茶を勉強してきました。中国料理を学ぶうえで、中国発祥のお茶の世界に触れたほうがいいと考えたのもありますし、私はお酒がそこまで強くないので、純粋に飲みものとしてのお茶が好きだったというのが一番の理由です。

　中国と日本のお茶を中心に、気になる茶葉を買ってきて、淹れて、風味を味わい、その効能も含めて心身でお茶を体感する。これをひたすら続けるにつれて、お茶の多彩さ、味わいの広さにますます惹かれていきました。そして、お茶にこんなに種類があるのなら、お酒と同じようにさまざまな料理と合わせたらおもしろいのでは、と考えるように。当時はペアリングという言葉はなかったけれど、料理と合わせてお出ししたいという思いが膨らんでいったのです。

　お茶は味わうだけではなく、向き合う精神や心構えも尊ばれる世界です。忙しい中でもお茶に向き合っていると、心まで豊かになれると感じます。加えて、栄養豊富で身体への効用も大きい。体調を崩した時など、私は多くの場面でお茶に助けられてきました。

　そんなお茶への強い思いもあって、この店の名には「茶」の字を冠し、開業時からティーペアリングを打ち出しています。ちなみに、現在の注文比率はアルコールペアリングが3、ティーペアリングが3、アルコールとお茶のミックスペアリングが4……といったところで、多くの方に楽しんでいただいています。

理論と実践

前提として、料理にペアリングするドリンクを考える時は何よりも自分の体験と感覚が糸口になります。たとえばご飯と海苔を一緒に食べている時に、緑茶を飲みたいと感じた経験など。お茶に限らず、食の経験を重ねて相性がいいと思った組合せを自分の中に蓄積することは大切だと思います。

　次に、ティーペアリングの考え方です。私の中では、ペアリングするお茶を決める際の発想には東洋由来と西洋由来の2種があり、それを一つのティーペアリングコースの中で織り交ぜます。前者は私が主に用いる中国、台湾、日本産の既存のお茶が持つ風味の特徴や、地理、文化的背景を生かしたペアリングのことで、今回紹介した料理とお茶はこの考え方のものが多いです。

　後者は、一般にある程度確立されたワインペアリングの考え方をお茶に落とし込むもの。ワインが持っている要素に似た風味のお茶を使ったり、お茶にスパイスなどの要素を加えてワインの風味に寄せたりして、そのワインと相性がよい料理と合わせます。たとえば当店ではティーペアリングの1杯目として、烏龍茶の東方美人茶に炭酸ガスを入れてシャンパーニュに寄せたスパークリングティーを用意して、シャンパーニュと相性がよい揚げものと合わせることがよくあります。こういった組合せはお客さまも慣れ親しんでいることが多く、楽しんでいただきやすいと感じます。

　ペアリングを考える手順を具体的に説明すると、お茶は一般的に発酵度合いによって緑茶、白茶、黄茶、青茶、紅茶、黒茶の6タイプに分けられます。これらのお茶の色合いと風味の特徴を考え

て、たとえばさわやかでさっぱりした料理だったら緑茶～青茶、どっしりとした濃い味わいの料理であれば紅茶や黒茶、というようにおおまかにタイプを決めます。同時にどの地域のお茶を使うかも考える必要があります。当店では中国、台湾、日本のお茶をバランスよく用いてお茶の幅広い魅力を伝えていますが、さらに地域を細分化して、四川の料理に四川のお茶を合わせるといったことも。ワインと同様に、その地域で昔から料理と一緒に飲まれてきたお茶は、伝統に裏打ちされたペアリングと言えると思います。

　ちなみに中国料理はしっかりした濃い味の料理が多いからか、中国のお茶はあっさりさっぱりしたものが多く、逆に日本料理は淡味の料理も多いので、うまみや甘みがしっかりしたお茶が目立つような気がします。また、お茶の世界はおいしい／まずいといった味の面がすべてではなく、先ほど言ったように精神面も尊ばれます。組合せに味の面での理由だけでなく、地理や文化的な背景、自身の経験といった他の「支柱」を持たせることは、ティーペアリングに説得力をもたらすことにつながります。

　私は1杯につき1種の茶葉を用いることが多いですが、これは当店の多くの料理がそうであるように、構成要素が少ない品の場合はお茶が持つ要素も少ないほうがバランスがとれると感じるからです。フランス料理のように複合的な要素から成る料理であれば、茶葉をブレンドして多彩な要素を持たせるのもよいかもしれません。ただ、料理以上の要素をお茶に持たせると、お茶が料理よりも前に出てしまい、かつ多杯のコースでは飲み疲れてしまうと思います。

淹れ方について

茶葉を決めたら次に淹れ方や提供する器を考えます。味の濃淡、抽出温度、提供時の温冷などの検討です。淹れ方はそのお茶が持つどんな味を引き出したいかによって変わり、私も試行錯誤してきました。器については、お茶は水がベースで風味が繊細なので、器の材質が味に影響を及ぼすことがあります。おおまかに言うと、磁器とガラスはお茶の味に影響しにくいですが、陶器や銅、真鍮、アルミなどを含む材質は、水が変質し、お茶本来の味わいが変化する可能性もあるので注意が必要です。

　器の形状も風味をコントロールするうえで重要。中国の茶杯は小さいものが多いのですが、これは「濃いめに淹れた凝縮したお茶を少量飲むのがおいしい」という考え方からだそうです。それを感じさせたいのであれば中国茶器が向くと思いますし、逆に香りや味を分散させて空間に漂わせたい場合は、ワイングラスなど大きな器もよいと思います。

　当店の基本のおまかせコースは約15品の料理で構成しています。ティーペアリングではスープ以外のすべての料理にお茶を合わせていて、10杯以上のお茶を提供します。アルコールやミックスでも同じですが、ペアリングは杯数が多いのでお客さまとよくコミュニケーションをとり、お腹の具合や好みによって1杯の量、もしくは杯数を調整することを心がけています。お茶は効用が高いぶん、如実に身体の温冷を左右したり、臓器に働きかけたりすることがあるので、事前に効能は確認したほうがよいですね。

　現在用意しているお茶の種類は、冷たいお茶が8〜10種、温かいお茶の茶葉が40〜50種。冷たいお茶はあらかじめ淹れておき、氷温冷蔵しています。茶葉は中国・台湾現地から直接仕入れるか、お茶の専門業者に依頼して調達します。しかし私もスタッフも茶葉を積極的に自分で買ってきては試し、ラインアップに加えています。なお、ワインはソムリエが扱いますが、お茶はサービススタッフ全員が淹れられるように毎朝練習しています。最近は「お茶を学びたい」と入ってきてくれたスタッフもいて、店全体で勉強する気運が高まっていますね。先日はみんなで静岡のお茶の生産地に行って、東方美人茶の収穫や生産を体験してきました。

　温かいお茶は淹れるのに技術と時間が要るので、ペアリングに組み入れるには最初はハードルが高いかもしれません。事前に淹れておけて、提供時は注ぐだけの冷たいお茶のほうが取り組みやすいと感じます。また、今は品質がよいボトルドティーも市販されていますから、そこからはじめてみるのも一つの手だと思います。

　ノンアルコールメニュー全般に言えることですが、ティーペアリングを打ち出すことで、お酒が飲めない方にも飲める方と同じように食事を満喫していただける土壌を店側がつくることができます。アルコールが飲めないから、と消去法でノンアルコールドリンクやお茶を選ぶのではなく、食事を楽しむ手段の一つとしてティーペアリングを積極的に選択していただけるようにしたい。お茶を突き詰め、ティーペアリングの完成度を高めることに心を砕くのは、そんな思いからでもあります。

川田智也

1982年栃木県生まれ。調理師学校在学中より「麻布長江」で働き、計10年間修業を積む。その後「日本料理 龍吟」を経て、台湾・台北の「祥雲龍吟」の立ち上げに参加して副料理長を務める。2017年に東京・広尾に「茶禅華」を開業。

茶禅華のティーペアリング

干しアワビを金華火腿、豚肉、鶏肉、鶏のモミジなどとともに土鍋で1日煮込み、15年熟成の紹興酒をたらす。このスープを鶏のミンチで澄ませて「強すぎるうまみと雑味を引き算」し、水溶き片栗粉でとろみをつけてアワビとともに皿に盛った。他に調味料は加えず、アワビの穏やかな味わいを最大限に生かす仕立て。

ペアリング 1

清淡干鮑×
文山昆布茶
（チンダンガンバオ）

合わせるお茶は、文山包種茶。「玉露をさらに澄ませたような透明感のある味わいの中にノリのような磯の香りを感じ、海藻を食べて育つアワビと寄り添うと思った」と川田氏。提供時には「寿」の型に切った昆布を茶杯に入れてお茶を注ぎ、磯の風味にさらに寄せつつ、うまみを付加する。

文山包種茶
（ぶんざんほうしゅちゃ）

お茶の名産地として知られる、台湾・台北近郊の文山地区で生産される烏龍茶の一種。烏龍茶の中では軽い発酵度合いのため、色合いは緑茶に似た透明な黄緑色となる。すっきりとしていながらも甘い香りとうまみがある。

［淹れ方］

01 … 急須に文山包種茶の茶葉を入れて100℃のお湯を注ぎ、40秒間おく。

02 … 茶杯に「寿」の字を象った昆布を入れ、01 を注ぐ。

03 … 蓋をして提供する。

活けのアユを「青島ビール スタウト」の中
で泳がせて「酔っ払いアユ」にし、細かく
切ったコメのおこげを貼り付けてフライに。
塩と花椒をふって提供する。アユをビール
で泳がせると「軽やかな苦みと上品なうま
みが加わり、内臓の苦みの奥行きとふくよ
かさが広がる」と川田氏。「アルコール分
が身の中で揮発するのかすぐに火が入り、
アユ自体の風味が飛ばずに残る」のも利
点だという。

ペアリング

2

啤酒香魚×太平猴魁
ビージュウシャンユイ

合わせたのは、「タデの風味を感じた」と
いう中国の緑茶、太平猴魁。細長いグラ
スに茶葉とお湯を入れて提供し、時間経
過による風味の変化を楽しんでもらう。最
初はさわやかな香りを感じ、徐々にほろ苦
さや香ばしさが強まり、最後はきりっと締
まった苦みに。「アユは頭から食べるようす
すめるのですが、お茶の味の変化が、アユ
の頭、内臓と身、尾という味の変化に対応
します」。

たいへいこうかい
太平猴魁

中国・安徽省で作られる、細長い形が特徴のお茶。
緑茶の一種だが日本の緑茶よりもうまみが穏やかで、
さわやかな香りとミネラル感が風味の軸。中国緑茶
は茶葉を炒る工程を経ているため、かすかな香ばし
さやほろ苦さも持つ。

[淹れ方]
01 … 細長いグラスに太平猴魁の茶葉を入れて80℃の
お湯を注ぎ、30秒〜1分間おく。
02 … 01をそのまま提供し、茶葉が入った状態で飲んで
もらう。

鳳凰の尾の形に飾り切りしたナスを蒸籠で蒸し、腐乳を清湯でのばしたソースにつけて味わうシンプルな仕立て。ソースはキンキンに冷やすことで、腐乳特有の発酵臭にキレを出し、ナスのやさしい香りを際立たせることを狙った。

鳳尾茄子×
フォンウェイチェ ヅ

阿波晩茶

ペアリング

3

ペアリングのお茶は、「ナスの白い部分の香りと似た風味を持ち、ほのかな甘みが野菜と相性がよい」ことから、日本の後発酵茶、阿波晩茶をセレクト。乳酸発酵由来のほのかな発酵の香りが腐乳のソースとも共鳴する。「日本のお茶は緑茶が目立ちがちだけれど、こんな変わったおいしいお茶もあると知ってほしい」という思いも込めたペアリング。

阿波晩茶
あ わ ばんちゃ

徳島県の特産品で、茶葉を乳酸発酵させており、発酵由来のほのかな酸味やコクがある。後発酵茶という珍しいタイプのお茶で、高知県の碁石茶、愛媛県の石鎚黒茶なども同じ仲間。「番茶」と表記されることもあるが、いわゆる番茶とは製法が異なる。

［淹れ方］
01 … 阿波晩茶の茶葉に熱湯を流しかける（洗茶）。
02 … 01の茶葉を急須に入れて90℃のお湯を注ぎ、50秒間おく。
03 … 02を茶杯に注ぎ、提供する。

干した仔鳩を胸肉と腿肉に分け、胸肉は馬告をふって藁で燻してから炭火焼きに。腿肉は身に五香粉をすり込んでから皮で身を包み込み、香ばしく揚げた。広東料理「脆皮乳鴿」を発想源にしているが、味わいはよりシンプルで、仔鳩のジューシーな肉質を生かす方向性に。

茶禅華脆皮乳鴿
（サゼンカツイピールゥゴー）
×スパイスティー

合わせたのは、鳩の力強い味わいに負けない野性味を持つ金芽紅茶に、花とスパイスの香りを加えたもの。「鳩の血の風味と香りが似ている」（川田氏）ダマスクローズを軸に、料理に使った数種のスパイスやハーブの香りをサイフォンで紅茶に移して供する。「ソースも添えないシンプルな料理なので、お茶に加えたスパイスの香りが料理に複雑味を添える役割を果たします。香りは強いですが味はまろやかで、シンプルな料理にもつり合いがとれる一杯です」。

金芽紅茶
（きんめこうちゃ）

中国・雲南省の少数民族がつくる、金色が美しい紅茶。標高の高い山々で完全自然栽培されるもので、ミネラルが豊富に含まれ野性味を持つ。力強くもまろやかな味わいでクセがなく、ほのかな甘みと芳醇な香りが特徴。

［淹れ方］

01 … 金芽紅茶の茶葉を急須に入れて100℃のお湯を注ぎ、1分間おく。

02 … 01をフラスコに注ぎ、ロートにダマスクローズ（乾燥）、シナモンスティック、丁子、ローリエ、レモングラス、馬告を入れて、ともにコーヒーサイフォンにセットする。

03 … 客前でアルコールランプを用いて熱し、液体が上下に移動してスパイスの香りが移ったらワイングラスに注ぐ。

CHAPTER 7
ノンアルドリンク・アイテム図鑑

調味液・ベース

ジロールのシロップ

すっきりとした味のアガベシロップと水を合わせたものに、乾燥のジロールを一晩浸けて漉したシロップ。土のようなニュアンスが欲しい時に使う。特有のアンズのような香りとやさしい甘み、濃厚なうまみが特徴。

（ルーラ）

ディルの花の香りを移したヴィネガー

ディルの花と白ワインヴィネガー、砂糖、塩、水を加熱して真空パックにして一晩冷蔵庫に置く。料理では、仕上げに漬けたディルの花を飾って酸味のアクセントとして用いることが多い。

（白井屋ザ・レストラン）

ジンジャーシロップ

ショウガをたっぷりと使って仕込む常備シロップ。シナモン、クローヴ、レモンを砂糖水で煮出し、キャラメルと合わせる。自家製ジンジャーエールのベースとするほか、複雑さのある甘みを加えたい時に活用する。

（ラペ）

ホワイトカラントヴィネガー

ホワイトカラント（白スグリ）を瓶内でつぶして1週間常温に置いてから漉したもので、ベリーの風味と穏やかな酸味が特徴。甘みは赤スグリよりも強い。ベリーの風味が欲しい時や酸味を調整する時、料理やドリンクに使う。

（ルーラ）

黒甘酒

泡盛造りで使われる黒麹菌を使ってつくられた、沖縄の泡盛メーカー製の甘酒。クエン酸由来の酸味がある。

（The SG Club）

コージクリア

吟醸酒用麹菌から生まれた麹菌「あめこうじ」と、焼酎で使われる酸味のある白麹を使った市販のノンアルドリンク。

（フォークロア）

ノンアルコールスピリッツ

Low-Non-Barが開発したノンアルコールジン「GINNIE」。飲食店での使用を想定し、ジュニパーベリーを主軸に「汎用性の高い風味」（高橋氏）に仕上げた。「トニックや炭酸水で割るだけでもいいですし、料理に合わせたフレーバーをプラスすれば手軽にオリジナルドリンクをつくれます」（高橋氏）。

（Low-Non-Bar）

ホップ・陳皮・コリアンダーのオイル
—
ヒノキ・ジュニパーベリーのオイル

グレープシードオイルに香りのある食材を浸し、真空パックにして約80℃の湯煎で香りを移したオイル。温かいドリンクにたらして使う。ホップ・陳皮・コリアンダーはホワイトビールの香りを、ヒノキ・ジュニパーベリーはジンをイメージした組合せ。
（ユマニテ）

ウイスキーオーク
焦がしバター・
ドライキノコ・
アールグレイ・
ヘーゼルナッツ

炒ったウイスキーオークチップとヘーゼルナッツ入りの焦がしバターをつくった後、乾燥キノコと紅茶を合わせて煮詰めた液体。これを冷やし、分離した液体だけをエッセンスに。ブランデーのような味わいを持たせたいホットドリンクに数滴加える。
（ユマニテ）

ラプサンスーチョン
コンブチャシロップ
—
コーヒーコンブチャ
シロップ

コンブチャを粘性が出るまで煮詰めたシロップは、香りが強く、酸味と甘み、コクが凝縮した複雑な味わい。数滴たらすような使い方で、肉料理やデザートなどのソースやノンアルドリンクの仕上げのコクづけに使用する。
（ユマニテ）

アルコール分を抜いた洋酒

個性的な風味の洋酒をアルコール分を飛ばした状態で常備し、特有の香りや複雑な甘みを加えるのに使う。ブドウジュースに少量を加えるだけでも味の変化をつけやすい。左から、ブランデー、シャルトリューズ、ペルノー。カンパリやラムを用意することも。
（ラベ）

スパイスウォーター・
白

ブルゴーニュの銘醸地の熟成した白ワインが持つ要素をイメージし、利尻昆布、ローリエ、カルダモン、コリアンダーシード、ミネラルウォーターを合わせて抽出。マンゴーや柑橘などのジュースで割って使用することが多い。
（銀座レカン）

スパイスウォーター・
赤

赤ワインの香りをイメージし、シナモン、スターアニス、ヴァニラ、クローヴ、白・黒コショウ、ピンクペッパー、ミネラルウォーターを合わせて抽出。クランベリーやブドウなどの果汁で割るほか、リンゴ果汁で割ってオレンジワインのニュアンスを出すこともある。
（銀座レカン）

コンブチャ

紅茶とハチミツのコンブチャ

紅茶とハチミツにスコービーを加えて発酵させたもの。このほか、コーヒーやメープルシロップ、イチジクの葉を煮出した液体とハチミツを合わせたものなどをベースにしたコンブチャもつくる。「もとの液体が持つ風味に発酵による酸味が加わり、ベースとして使うと重層的な味わいをつくりやすいです」（児島氏）。
（白井屋ザ・レストラン）

リンゴのコンブチャ

リンゴ果汁にスコービーを加えて発酵させたコンブチャ。ドリンクのベースとして使ったり、凍らせてソルベにしてドリンクに浮かべたりする。
（白井屋ザ・レストラン）

ダルスのコンブチャ

「ダルス」と呼ばれる海藻のアカハタを使ったコンブチャ。「ほかの海藻にはない」（キアー氏）という美しい赤色とコク、ミネラル感、スモーキーな風味が特徴。北欧ではプラムと合わせることが多く、酸味を持つ食材と相性がよい。
（ルーラ）

ウバ茶ベースのコンブチャ

ウバ茶でつくるコンブチャを常備する。発酵後、スコービーを除いたコンブチャに、柑橘や洋ナシなど旬の果物の生の皮を1種類漬け込み、風味が出たら漉して使う。そのまま、あるいはジュースと合わせて提供。写真は樹上で完熟させたハッサク。
（ラペ）

レモンバーベナのコンブチャ

「ユマニテ」では紅茶、緑茶、ハーブティーなどのさまざまなお茶のコンブチャに果物やスパイス、ハーブなどで風味づけしたドリンクを常備する。写真はレモンバーベナティーのコンブチャで、1週間常温で発酵させたもの。
（ユマニテ）

ピュレ、ジャム、ジュース などの加工品

クプアス（ピュレ）

アマゾン原産の果物でカカオの仲間。果肉のピュレが冷凍で流通する。爽やかな酸味と発酵のフレーバーがある。
（The SG Club）

イチゴのスパイス漬け

コンブチャにイチゴ、カルダモン、クローヴ、ローリエ、シナモン、黒コショウを加えて漬けたもの。同店では、この液体に炭酸ガスを注入してドリンクとして提供するほか、漬けたイチゴは食中に提供するクロワッサンに添える。
（プレゼンテ スギ）

カシューアップルジュース

カシューアップルはカシューの果肉。熟した香りと酸味、渋みがある。そのピュレをパイナップルジュースと合わせた自家製のジュース。
（The SG Club）

バニラ塩

ヴァニラビーンズの種を混ぜた塩にヴァニラビーンズのサヤを入れて1年間置き、塩にヴァニラの風味を移した。甘い風味を出したり、グラスのリムにつけたりするほか、淡泊な魚料理にふって風味を加えることも。
（IZA）

ノンアルコールラムレーズン

アルコール分を飛ばしたダークラムに漬け込んだ干しブドウ。コンブチャやお茶がベースのドリンクに漬け込んだり、コクづけのためにサブパーツ的に使ったりする。赤ワインに寄せたドリンクをつくる時に、樽香を思わせる「わかりやすいワインのニュアンス」（石崎氏）がつけられる。
（ユマニテ）

コーラのジャム

レモンを丸のままゆでてこぼして、アニス、シナモン、コリアンダー、カルダモン、クローヴ、ナッツメッグ、フェンネル（すべてパウダー）、ライム果汁とフード・プロセッサーでまわしてペースト状にしたもの。炭酸や湯で割ってコーラにするほか、赤身肉に添えて使うことも。
（IZA）

乾燥品

乾燥キノコのミックス

ポルチーニ、モリーユ、シメジ、マイタケなど、料理に使ったキノコの残りを食品乾燥機にかけてミックス。しっかりとしたうまみが出るのでキノコだしのドリンクのほか、ほうじ茶と　緒に抽出してスターアニスなどのスパイスを合わせることも。ホットドリンクに向く。
（ユマニテ）

乾燥ホップ

ホップ特有のグリーンの香りやほろ苦さは柑橘と好相性。ドリンクの味の輪郭を引き締める効果もある。
（フォークロア）

チョコレートモルト

濃茶色までローストした大麦麦芽で、ビターチョコレートのような風味を持つ。ビールやウイスキーに使われる。
（フォークロア）

キノコやクリの渋皮の乾燥品

ポルチーニやマイタケなどのキノコと、クリの渋皮を食品乾燥機で乾燥させたもの。熱湯で淹れたプーアル茶にこれらを入れて煮出す。低温から高温まで幅広い温度帯を通過させることで素材の苦みも抽出し、複雑味を出す。
（CAINOYA）

スジアオノリ

食用のアオノリ類の中でももっとも香りが高いといわれる。徳島県産を使用。
（The SG Club）

ティムル

ミカン科サンショウ属のネパールのスパイス。香りは中国の花椒に似ているが、しびれるような辛みはほぼない。
（The SG Club）

ドライフルーツ

デザートに使う果物の端材や皮を乾燥させて常
備し、香りの要素としてグラスに浮かべる。ドリン
クのポイントとなる使用素材を視覚的に伝える役
割も担う。根セロリの葉など、料理に使う野菜の
葉や根も同様に常備する。
（銀座レカン）

乾燥させた枝

茨城県の生産者から取り寄せた、サクラやスギ、
マツなどの枝。自然乾燥させて保管しておく。煮
出した液体をドリンクのベースに使用したり、枝
を燃やして煙をグラスにまとわせたり、香りづけ
に使用する。
（JULIA）

金時ニンジンの皮の乾燥品

金時ニンジンの皮を食品乾燥機で乾燥
させたもの。ニンジンの風味や野菜の
甘みをつけたい時に、コンブチャやお
茶がベースのドリンクに漬け込む素材と
して使う。とくにオマールをはじめ魚介
との相性がよく、料理を引き立たせる
つなぎ役になる。
（ユマニテ）

焼きナスの皮の乾燥品

炭火焼きにしたナスの皮を取りおき、
食品乾燥機で乾燥させたもの。強い苦
みがあるので少量を甘い香りの素材と
合わせると、甘みがより引き立つ。ヴァ
ニラビーンズ、クローヴ、トンカ豆、カ
カオニブと合わせた粉末を常備。
（ユマニテ）

フキノトウのガクの乾燥品

フキノトウのガクをゆがいてアク抜きし、
食品乾燥機で乾燥させたもの。料理だ
けでなくノンアルドリンクにも使い、苦
みをつけたい時にベースに漬け込むな
どする。ほのかな甘みを引き立たせた
い時に効果的。
（ユマニテ）

野菜の皮などの乾燥品

ヤングコーンのひげ、ウスイマ
メの皮、グリーンアスパラガ
スの皮、柑橘の皮など。煮
出したり水出ししたりして香
りを抽出し、その液体を活用
する。めざす味によってはカツ
オだしなどで抽出することもある。
端材や皮を活用してドリンクをつく
り、ロスを出さない。
（JULIA）

焼きイモの皮の粉末

ローストしたサツマイモの皮を、さらに
甘く苦く、香ばしくなるまで焼き、食品
乾燥機で乾燥後に粉末にしたもの。こ
れとスパイスをブレンドしたコーヒーは、
甘・苦・酸を感じるドリンクに。
（ユマニテ）

プレゼンテーション用アイテム

薬包紙

本来の用途は、粉末の薬剤を服用しやすいように包むためのごく薄手の紙。「IZA」では、この薬包紙にスパイスやパウダーを包んでお客に渡し、お客自身でドリンクに入れてもらって味の変化を楽しんでもらう。
（IZA）

ガラス茶器

装飾の美しい作家もののガラスポットを使い、お茶の水色を楽しんでもらうと同時に特別感を演出する。いずれも福井・坂井にある「グラス アトリエ えむに」の手吹きの一点もの。左2点は温かな煎茶に使うことが多く、脚付きは食後のフレッシュハーブティーに使う。
（NéMo）

カクテルピン

フルーツなどを刺してグラスに添えたり、ドリンクに浮かべたりして使用する。
（IZA）

煙

乾燥させた枝や葉に火をつけ、ワイングラスを被せて煙をまとわせる。このグラスにドリンクを注ぐことで、液体に強い香りが加わる。香りによって使う枝を選定する。
（JULIA）

スプレー

提供直前にフレーバーのある液体を吹きかけ、グラスから立ち上る香りで五感を刺激することができるスプレーボトル。客前でスプレーすれば、演出効果も高められる。
（ルーラ）

ドリンクの見本と使用食材

「プレゼンテ スギ」ではコースで提供するノンアルドリンク全品の説明書きと液体を試験管に入れ、使う食材とともにあらかじめプレゼンテーション用のテーブルにセットしておく。シェフの杉岡氏がドリンクを説明する際に使うほか、食事中にお客が見ることで理解を深めてもらう。

（プレゼンテ スギ）

電気式酒燗器

電気で一定温度に湯を保ち、お燗をつける酒燗器。「JULIA」では日本酒のみならず、温製のノンアルコールドリンクをこの酒燗器で温めて提供する。「外国人のお客さまが多いので、日本的なアイテムは喜ばれます」（本橋氏）。

（JULIA）

石

石好きの児島氏が集めた石。ドリンク用のスプーン置きにするなどして使う。「素材の味を生かす私のドリンクには、ナチュラルなアイテムがよく合うと思って好んで使います」（児島氏）。

（白井屋ザ・レストラン）

枝

カクテルピンのようなイメージで使用。児島氏はソルベなどに刺してドリンクに添えて提供している。

（白井屋ザ・レストラン）

ノンアルドリンクを記したカード

ノンアルドリンクの名前とそのドリンクに合わせる料理を記したカード。事前に客席に置き、つどお客にめくってもらう。「必ずしも1品につき1杯ではないので、どの料理までこのドリンクを飲むのか視覚的にわかりやすく伝えるためのアイテムです」と芝先氏。

（IZA）

調理器具

フレーバーブラスター

専用のアロマを使用し、泡の中に香りつきのミストを充填する道具で、シトラス、ミックスベリーなど数種のフレーバーがある。泡をつくらずにミストのみを出すこともできる。「銀座レカン」では、赤ワインテイストのドリンクに樽香のイメージでスモーク香をまとわせる（下の写真）。

（銀座レカン）

コーヒーサイフォン

蒸気圧によって下部のフラスコから上部のロートに上がったお湯で抽出を行うサイフォン。コーヒーだけでなく、緑茶や紅茶にも使用できる。「茶禅華」では、ロートにスパイス類を入れておき、金芽紅茶に香りを移して提供する。

（茶禅華）

スポイト

「10mLなど小さい単位が計りやすいので活用しています」と芝先氏。手前の小さいスポイトはプレゼンテーション用。お客がドリンクを飲んでいる途中で、このスポイトでオイルをたらしてドリンクを"味変"させることも。

（IZA）

スモーカー

チップなどを本体上部のくぼみに入れて火をつけ、ノズルを挿してグラスに煙を注入する。ガラス製の蓋をつけたまま提供し、お客自身に蓋を開けてもらって燻製香を楽しんでもらう。

（IZA）

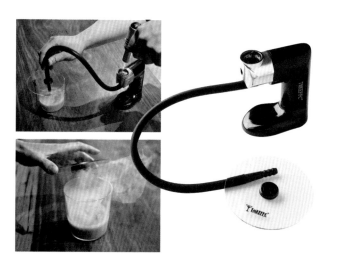

乳鉢

ハーブやスパイスをすりつぶす大理石製の乳鉢と乳棒。風味が際立ったすりたてをノンアルドリンクにアクセント的に加える時に使う。ちなみに、ベースのドリンクに漬け込むスパイスはホールのまま使用する。

（ユマニテ）

サイフォン

料理でおなじみのフォーム（ごく軽い泡）をつくる機械。付属のディスペンサーに液体を入れてよく振り、ガスボンベにつないで亜酸化窒素ガスを充填。ディスペンサーをよく振ってノズルをつけて、泡を絞る。即席でホイップクリームがつくれたり、スープを泡状にできたりする。「IZA」では、ドリンクの上にのせる泡をつくるために使用。
（IZA）

ソーダマシン

専用ガスシリンダーとボトルを使い飲料に炭酸ガスを注入する機械。「sio」では上部ボタンを押している間だけガスが注入されて炭酸の強さを調整できる型の「ソーダストリーム」を使用。「炭酸水で割るよりも直接ガスを注入するほうが素材の風味が生きます」と亀井氏。
（sio）

焙烙（ほうろく）

自家製ほうじ茶に使用。提供時に茶葉を入れて厨房でさっと炒り、すぐに器ごと客席に運んで急須に移して湯を注ぎ、炒りたての香りをお客に届ける。店で使う黒い常滑焼の急須と質感や色みに統一感のあるものを選択。
（NéMo）

リトマス試験紙

コンブチャを仕込む際、想像以上に発酵が進んで酸味が強いと感じたら、安全性も考慮してリトマス試験紙でpHを確認。「ユマニテ」ではコンブチャはドリンクのベースとして多用するため、発酵は控えめに、酸味が強すぎないpH3〜4を目安としている。
（ユマニテ）

糖度計

ドリンクの甘みを確認する時に使用。とくにベースに使うコンブチャ自体に甘みがあるので、仕上がりが甘くなりすぎないように気をつける。ペアリング用のドリンクをつくる際はアルコールで提供するシャンパーニュやワインの糖度を調べて、数値を合わせる。
（ユマニテ）

マイクロプレイン社製ミル

グレーダーで知られるマイクロプレイン社の手動ミル。すりつぶすのではなく削るタイプのミルで、硬いスパイスも難なく粉末状にできる。グラスに入れたドリンクにスパイスをふる時に活用している。
（ユマニテ）

CHAPTER 8
ドリンクとペアリングの基礎知識

理論編・実践編

相性とは何か?

ドリンクペアリングのサイエンスとデザイン

料理とドリンクの「相性」とは何を指すか。
また、味覚と嗅覚はどのように作用して「味」を生み出しているのか。
おいしさの科学を専門に研究する川崎寛也氏から、
ドリンクペアリングの基本的な考え方を学ぶ。

料理とドリンクのペアリングを考えるとき、センスだけでなく理論的にも考えることで、幅が広がります。ドリンクペアリングをデザインするための武器としてメカニズムの理解、つまりサイエンスが必要です。「おいしさをどう感じているか」という感じる側のメカニズムから考えると、ドリンクペアリングのデザインがしやすくなります。ここでは、ドリンクペアリングの技術としての、サイエンスとデザインについて考えます。

おいしさのメカニズム

人間がおいしさを感じるメカニズムは、料理やドリンクから放たれた「成分」と「構造」を感知し、味や香り、食感として「感じる」ことからはじまります。

　では、「味」とは何でしょうか。実は私たちが「味」と呼んでいるものの多くは「風味」のことであり、風味は味覚情報と嗅覚情報の組合せによる知覚のことです。

　味覚とは、舌などにある味細胞の味覚受容体に味成分が接触して味覚神経に情報が伝わり、脳で認識する感覚のことです。現在、科学的に「基本味」として定義されている味は、甘味、うま味、塩味、酸味、苦味の5種類で、五基本味と言います。味成分は唾液に溶け、舌の表面にある味蕾の味細胞の表面にある味覚受容体にくっつきます。味覚受容体は、舌の前方と横、喉の奥、上顎のやわらかいところに分布し、それぞれにある程度

の感受性の違いがあり、舌の前方と上顎は甘味や塩味、横は酸味、喉の奥は苦味やうま味をよく感じます。ですから、口の中全体に料理やドリンクを広げないと、しっかり味わうことはできません。

　一方嗅覚とは、鼻の奥の粘膜にある嗅細胞に香気成分が到達して嗅覚受容体にくっつき、嗅神経によって脳に伝達され認識する感覚のことです。香気成分が嗅覚受容体にくっつく経路は2種類あり、鼻でくんくんとにおう経路のにおいを「前鼻腔(オルソネーザル)香」、一度肺に入って鼻から抜けた時ににおう経路のにおいを「後鼻腔(レトロネーザル)香」と言います。後鼻腔香は味覚と連合して感じ、これを「風味」と呼びますが、風味を「味」だと錯覚することが多いのです。このような食品の持つ味覚情報と嗅覚情報の掛け算で、多様な風味の世界が広がります。

味覚と嗅覚の相互関係

味覚や嗅覚の受容体は、物質が付着すると神経に情報を伝えますが、物質が離れると情報は伝わりません。つまり、味覚受容体も嗅覚受容体も、伝える情報は甘味やハーブの香りといった「質」とその濃度である「強度」に加え、いつからいつまで感じるかという「時間」も含むのです〔図1〕。それぞれ、整理してみましょう。

質

私たちは飲食の際、本能的に多様な栄養素を求

めており、その意味で風味の多様性を欲すること
に加え、何らかの共通性を感じることで安心感や
親近感を得ている可能性があります。これは心理
学で「新奇性と親近性のバランスをとる」と言いま
す。つまり私たちは、初めての風味より、なじみの
ある風味やその組合せを感じることを好むのかも
しれません。

　また味覚では、甘味成分と塩味成分を同時に
味わうと、「甘じょっぱい味」と表現しますが、これ
は甘味受容体は甘味物質と、塩味受容体は塩味
物質としかくっつかず、それぞれの味を感じるから
です。一方嗅覚では、ある受容体につくにおい物
質は複数あり、付着具合は多様です。そのため、
AのにおいとBのにおいを同時に嗅いだ時に、両
者を感じることもあれば、まったく違うCというに
おいに感じることもあります。

強度

味成分同士を混ぜると、感じ方が変わることがあ
ります。酢に砂糖を混ぜると甘くなるだけでなく、
酸味の角がとれたように穏やかに感じます。味を
混ぜると互いに影響し合い、抑制したり増強した
りするのです。うま味以外の基本味の関係につい
てまとめたのが図2です。濃度によって影響の仕
方は変化するため、実験してみるとよいでしょう。

　また一般的にヴァニラは「甘いにおい」と表現
しますが、においに味はありません。ただ、ショ
糖にヴァニラを加えると甘味を強く感じる効果があ
り、このような錯覚を利用したバーチャルな風味
の増強を、「においによる味覚増強」と言います。
実験によると、甘いにおいのイメージの香りは砂
糖水の甘味を増強するとされています。

時間

人間の意識は、同時に複数のものに対応するの
は難しく、味覚や嗅覚も一瞬で認識できるのは一
つの感覚で、意識を瞬間ごとに支配していると考

図1

味細胞、嗅細胞が伝える情報

図版作成：川崎寛也

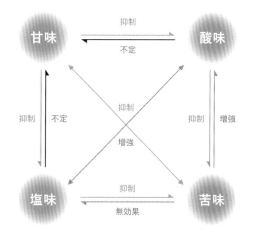

図2

味を混ぜると互いに影響する

Keast, R. S. J., & Breslin, P. A. S. (2002).
An overview of binary taste-taste interactions.
Food Quality and Preference,
14, 111-124. をもとに作成

えられます。これを「ドミナント」に感じている感覚、と言います。たとえばステーキを食べた時は、塩味とうま味とメイラード反応の香ばしい香りを同時に知覚しますが、意識としては、その瞬間に強く感じたものを「今、塩味を感じた」、「今、香ばしい香りを感じた」などと順番に表現するはずです。

口の中は唾液が常に分泌され、食べものが口に入ると、味成分は唾液に溶けて味覚受容体に運ばれ、香気成分は唾液に溶けにくいものは揮発し、いったん肺に入ってから出てくることで嗅覚受容体に届きます。味成分はずっと口に残るわけでなく、唾液とともになくなるのです。

また唾液は含有するタンパク質のせいで粘りがあり、タンニンと結合する性質があります。タンニンを多く含む赤ワインやお茶を飲むと口がさっぱりするのはそのためです。

さらに香り成分は油に、味成分は水に溶けるものが多いですが、アルコールはどちらの成分も溶かす傾向が強いです。食べものを咀嚼すると味成分や香り成分が口中に広がり、その後、液体であるお酒を口に含むと、それらがお酒に溶けることで一気に口全体に拡散する——そうして味や香りの余韻を感じるのです。

料理とドリンク、相性の分類

従来、料理とドリンクのマリアージュやペアリングはソムリエと料理人が「それぞれの言語」で語ることが多く、個人の意見のぶつけ合いになりがちだったと思います。互いがコミュニケーションをとるための「共通言語」があれば、より意図を明確にした組合せができるのではないでしょうか?

そう考えてまとめたのが、「料理とドリンクの相性」のタイプ別分類案です。基本的な構造を知るために、まずアルコールペアリングの相性を、つぎにノンアルの相性を紹介します。

アルコールペアリング

まず、相性がよい組合せです。

SHARE｜シェア

「同じような香りを持つもの同士を合わせる」手法。ソムリエに重視されている考え方で、味や香りの「質」が揃っている組合せです。近年は、香り成分を計測機械で分析し、同じ香り成分を持つものは合うという前提で新たな相性を提案することもありますが、量の比率も関係するので一概には言えないでしょう。ただし、先入観をはずして試してみる機会にはなりますし、取り組みとしてはよいと思います。

SUPPLEMENT｜サプリメント

料理に使われる食材の要素を、ドリンクで「補う」という考え方。たとえば、マンゴーとエビの料理において、マンゴーの風味を感じる白ワインを合わせた場合、マンゴーは飲み込むとなくなってしまうけれど、白ワインによってマンゴーの風味を補うことで余韻を楽しめるようになるというものです。

NEW｜ニュー

ドリンクと料理を同時に味わうことで「新しい風味が感じられる」という意味です。ドリンクと料理の味や香りの「質」を変えてしまう組合せと言えます。嗅覚受容体に異なる香り成分が結合すると、単独では得られない風味を感じることがあります。両者を組み合わせることで新たな風味を作り出すようなもので、ペアリングの真骨頂と言えるのではないでしょうか。

BALANCE｜バランス

料理とドリンクのどちらか一方が勝ることなく、DOMINANT（優勢）が偏っていない状態。味や香りの「強度」が同程度だったり、「時間」につい

ても同じくらいで終わるような、「バランスのとれた」組合せです。

SPREAD｜スプレッド

料理を食べてからドリンクを口に含んだ時、料理の味わいがドリンクによって口いっぱいに「広がる」ような状態。以前、クミンを使った料理を食べて白ワインのシャルドネを飲んだ際、クミンの甘い香りと相まって、その香りが口の中いっぱいに広がり、すばらしい相性を感じました。

WASH｜ウォッシュ

「洗い流す」の意味。ドリンクによって、料理の味や香りを感じる「時間」を短くして、キレをよくすることができる組合せです。アルコールには油を溶かし、洗い流す効果があります。また、赤ワインに含まれるタンニンは、唾液のタンパク質に結びついて油脂を抱き込むことで唾液と一緒に油脂を洗い流すことができます。炭酸も油脂を流すことができるので、シャンパーニュやスパークリングワイン、ビールなども同様の効果を期待できます。

次に、避けるべき相性の分類です。

BAD FLAVOR｜バッドフレーバー

魚介類の中でとくに酸化されやすい脂質の青魚と、鉄分や亜硫酸を含むワインを合わせると、脂質酸化が促されて不快なにおいが生じます。「質」そのものが嫌なものに感じられる組合せです。

DOMINANT｜ドミナント

BALANCEの逆。料理とドリンクのどちらかの「強度」や「時間」が強すぎてドミナント（優勢）に感じると嗜好性が低くなるという実験があり、どちらかの印象が勝ってしまう状況を指します。

以下は、こうした相性の特徴を活用し、かつ全

SHARE	同じ香り成分を持つ Food pairing
SUPPLEMENT	ドリンクで料理の要素 （ハーブやスパイスなど）を補う
NEW	2種類の香りが合わさることで 単独では得られない風味を感じ、 それが感動的なほどすばらしい
BALANCE	DOMINANTが偏ってはいけない
SPREAD	ドリンクで料理の味や香りが 口の中に広がる
WASH	洗い流す （アルコール、タンニン、炭酸、酸）
BAD FLAVOR	脂質酸化物など 悪いにおいが口の中で発生 （魚介類とワインの鉄分の反応）
DOMINANT	ドリンクと料理 どちらかの強度が強すぎるか 感じる時間が長すぎる

図3
相性の要素の分類案
図版作成：川崎寛也

COMPLEXITY	いくつの感覚や風味を感じるか 短い間にさまざまな 感覚や風味を感じる
HARMONY	異なる感覚や風味を一緒に感じる
LIAISON	料理とドリンクがつながる

図4
全体としての印象に関する相性のルール
図版作成：川崎寛也

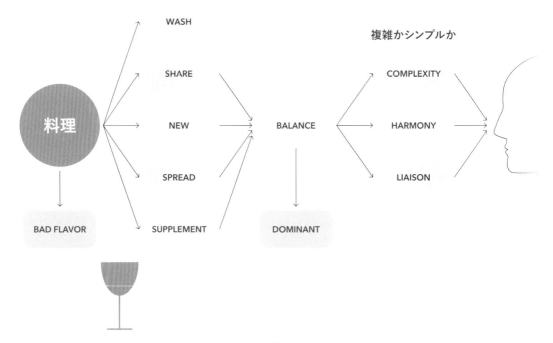

図5

ドリンクの相性のフレーバーデザイン

図版作成：川崎寛也

体としての印象をコントロールするにはどうすれば
よいか、というペアリングのルールの提案です。

COMPLEXITY｜複雑さ
単純な風味より複雑性があるほうがおいしく感じる
ということ。複数の風味や味が、短時間の中で変
わっていく状況を指します。

HARMONY｜ハーモニー
複雑な味、風味にも一体感は必要で、調和がと
れたようにすべき、という意味です。同じ質の味や
香りということではなく、組合せとしてなじみがあ
るような味や香りであろうと考えられます。

LIAISON｜リエゾン
意味は "つなぐ"。SHARE の組合せの中に、複雑
な料理の要素をつないでいけるドリンクがあるは
ずです。

　これらを組み合わせ、**図3〜5**を見ながら互い
に意見を出し合うことで見えてくるものがあるでしょ
う。「この料理とこのワインは SHARE の関係だと
思うんだけど」「そうするとコースの中で SHARE が
多くなるから、前の料理でつかみとして NEW を出
して……」といったように、話し合いの材料になり
うるのです。

ノンアルペアリング

近年広がりを見せているノンアルドリンクやモクテルは、料理人やソムリエが創造性を発揮する場にもなっています。ただし、アルコールの性質である油脂を溶かす、香りを揮発させるといった特徴が使えないため、それらを補う工夫も必要でしょう。以下は、ノンアルドリンクの相性の分類案です。

SHARE｜シェア

料理と似た風味の食材を使ったエキス類を合わせるとよいと考えられます。料理にはメイラード反応や燻製の要素が多いため、ほうじ茶などがベースとして使えそうです。

SUPPLEMENT｜サプリメント

料理に使う味の要素やハーブ、スパイスなどを、あえてドリンクに使う発想です。自由に組み合わせられるノンアルドリンクで活用しやすい手法でしょう。アルコールの例で示したマンゴーとエビの料理で言うと、マンゴーの皮などで香りをつけたドリンクを合わせることでマンゴーの風味を補うことが可能と考えられます。

NEW｜ニュー

実際にいろいろ試してみてください。すばらしい組合せの発見を期待しています。

WASH｜ウォッシュ

お茶やブドウのタンニンや炭酸が使えます。また、香りの揮発は液体の温度を上げる他、炭酸を使うことで促すことができます。ハーブを使うと、その香り成分は水に溶けないため揮発が促進され、香りを強く感じます。また酸には味を弱く感じさせる効果があり、洗い流すことはできなくても、強い味のソースを弱く感じさせることが可能。酢や柑橘、ヨーグルトの乳酸などが使えるでしょう。

SPREAD｜スプレッド

アルコールと同様に液体であるドリンクが、料理の味わいを口の中に広げる役割を担うはずです。これを、SHAREなどとの組合せで考えることで、より複雑なペアリングになることは考えておくとよいと思います。

BALANCE｜バランス

料理の風味の強さや感じる時間の長短のバランスをとり、DOMINANTにならないようにするために濃度をコントロールすることが重要です。そういう意味では、ワインなどよりも自分で材料を配合できるモクテルなどのほうがコントロールしやすいはずです。

　これらの組合せを使ったペアリングのルールも設定できます。野菜ジュースやフルーツジュース、お茶、ハーブ、スパイス、だしなどを多彩に使って「COMPLEXITY」にするのか、逆にシンプルにして「HARMONY」に持っていく、というようなことが可能だと思われます。自由な発想でいろいろな素材を組み合わせたり、技術を試してみたりすることで、ノンアルドリンクの世界は広がるでしょう。

川崎寛也

1975年兵庫県生まれ。2004年、京都大学大学院農学研究科博士後期課程修了（農学博士）。同年、味の素（株）に入社。2021年より同社食品研究所エグゼクティブスペシャリスト。NPO法人日本料理アカデミー理事。研究分野は、おいしさの科学、プロの調理技術の解明、食の体験と心理的価値の関連解明など。

ノンアルを、どう使う?

各店のドリンク運用とペアリング事情

ノンアルドリンクの発想は無限大。
だからこそ、どのように考案し、提供するのかの指針がほしいと感じる人は多いはず。
本書で取材した各店の運用例と、料理とペアリングする際の表現方法を見ていこう。

ノンアルは誰が担当する?

各店でノンアルドリンクのメニュー開発を主に担当しているのは誰か。本書で取材したレストラン20店では、下記のようになった。

ソムリエ 10店／シェフ 5店／サービススタッフ 2店／チーム 3店／パティシエ 1店 ＊重複あり

　ソムリエが兼任するケースが多いのは、専門性から見て順当な結果。「白井屋ザ・レストラン」のソムリエ、児島由光氏は「頻繁にシェフと試食・試飲をして、コミュニケーションをとりながらレシピを組み立てていく」という。「シェフの考え方を聞いて料理に寄り添うドリンクをつくったり、逆に私がつくったドリンクから料理ができることも。厨房スタッフに教えてもらった調理法を参考にすることも多いです」（児島氏）。

　一方、シェフ自身が担当するケースでは、「ドリンクも料理と同じく幅広い発想で生み出したい」（プレゼンテ スギ／杉岡憲敏氏）、「ノンアルドリンクという冷製ソースを料理に添える感覚でつくる」（ルーラ／ジェイカブ・キアー氏）、「極端に言えばドリンクを料理にかけてもいい、というつもりで考える」（野田／野田雄紀氏）というように、ドリンクを料理の延長としてとらえる意見が目立った。また、「ユマニテ」の石崎優磨氏のように、ワンオペ店ながら多様なフレーバーのドリンクを常時6〜8種仕込んでいるケースも。料理をつくる本人がドリンクも手掛けることで精度の高いペアリングが可能になる点は大

きなメリットだが、その分、仕事量が大幅に増える点には留意する必要がある。

　その点で、シェフの森枝 幹氏がアイデアを出し、サービスの高橋秀征氏がそれを具体化する「CHOMPOO」や、パティシエの室之園尚美氏がドリンクを担当し、シェフの室之園俊雄氏や外部のワイン専門家が参加する試食会を経てレシピを固めていく「フュージブル」、さらには「チーム全員参加」を掲げる「Pepe Rosso」のスタイルは参考になるはずだ。

味わいをどう組み立てる?

ノンアルドリンクの味わいの方向性は、ワインなどのアルコールに寄せるか、まったく別物と考えるかで意見が分かれた。

　「ラペ」の田中智人氏はワインの色や風味に寄せるイメージで考えることが多いという。「その料理に合わせたいワインと同じ品種や近い品種のブドウジュースを選び、料理と相性のいい香りの素材を浸け込んだり、紅茶や炭酸水で割ったりします」（田中氏）。「ユマニテ」の石崎氏が参考にするのは、ワインインポーターの商品説明コメント。「香りの要素などさまざまなヒントが隠されているので、野菜の茎や果物の皮なども駆使してイメージに近づけていきます」（石崎氏）。

　一方、ノンアルにはワインとは異なるアプローチが必要として、フレーバーペアリングの手法を取り入れているのは「ファロ」の桑原克也氏。旬の果実を発酵させたりコンブチャにして、料理に含まれ

シェフによるノンアルペアリングの例

ルーラ

- 新玉ねぎのタルト、経産牛と甘海老
- ハマグリ、トマトと去年のプリザーブベリー
- 大黒神島かなわオイスター、
  ローストイーストと季節の花
- ホタルイカ、季節の豆とジャスミン
  ↳3年瓶熟した洋梨サイダー、
  　河内晩柑のソーダ割り
- 行者ニンニクのダンプリング、
  山羊のリコッタチーズと新玉ねぎ
  ↳飲めるサラダ
- 八幡平ニジマス、発酵アスパラガスと魚卵
  ↳自家製木の芽のノンアルコールビール
- えのき、旨味ペーストとサマートリュフ
  ↳ノンアルコール ダルスティー
- 白アスパラガス、
  サフランの黄身酢とゴールデンタヒニ
  ↳ローズ／ハイビスカス＆ビーツ「レディ」
- 翁霞の焼きおにぎり、小蕪とローストイースト出汁
  ↳3種のお茶のブレンドティー
- 苺、ルバーブと本わさび
- デコポンのアイス "カヌレ"、松の実と松ぼっくり
- ロースト昆布のドーナツとカシス
  ↳ノンアルコールジンフィズ

ソムリエによるティーペアリングの例

NéMo

- 鰹
  （藁で燻したカツオ、初夏の和の野菜のサラダ仕立て）
  ↳ジャスミン茶（台湾・南投県産）
  　青茶の水出しスパークリング
- 毛蟹スープ仕立て
- 蛍烏賊
  （焼いたホタルイカ、肝ソース、セリ、ホワイトアスパラガス）
  ↳金萱夏至（台湾・南投県名間郷産）
  　紅茶の水出し冷茶
- 真河豚
  （香ばしく揚げたフグ、付合せにキノコ、ヴァンジョーヌの香り）
  ↳熟香（台湾・南投県名間郷産）
  　青茶の水出し冷茶
- 金目鯛
  （香ばしく焼いたキンメダイ、
  魚介やワカメのうまみがベースのソース）
  ↳つゆひかり（福岡・八女産）
  　中蒸煎茶の水出し冷茶
- 小鳩
  （皮目を香ばしく焼いた仔鳩のロースト、赤ワインソース）
  ↳静7132（静岡・藤枝産）
  　煎茶のほうじ茶
- 蜜柑
  （さまざまな柑橘の果肉、オレンジシャーベット、
  ニンジンとショウガのムース）
- 黒胡麻
  （黒ゴマのスフレ、ほうじ茶のアイスクリーム）

＊上記2店のメニューは現在のものとは異なります。

るエッセンスやテーマに寄り添うように配合し、より嗅覚に訴えるドリンクに仕立てる。

　「銀座レカン」の近藤佑哉氏は両者の中間で、「コース前半は料理の食材から発想し、主にフレーバーで料理に寄り添わせるドリンク。後半はワインからの発想も含め、五味を補完するイメージで構成する」という。

　いずれにしても、「ドリンクと料理とは『寄り添う』ことが基本」（野田／野田氏）。よいペアリングは、料理とドリンクが共鳴し合い生まれるものであるという意識を持つことが重要だ。

失敗しやすい点は？

　ノンアルで陥りがちなミスとして多くの担当者が指摘するのが、「飲み飽きやすい」という問題。アルコールがないためボリューム感を出しづらく、かといって安易に味を濃くすると飲み疲れしてしまう。「CHOMPOO」の森枝氏は解決策として、「味や温度を変化させつつ、料理・ドリンク単体では得られない口内調味の楽しさを表現する」ことを挙げる。他にも、「途中でパウダーなどを加えて "味変" させる」（IZA／芝先康一氏）、「1杯の中で乳酸

発酵の酸味に酢酸由来の酸味を合わせるなどし、味わいに立体感を出す」（JULIA／本橋健一郎氏）などの声が寄せられた。

とくに多皿のコースのペアリングの場合、飽きにつながりやすい「甘み」への対処は重要な意味を持つ。「7品提供するペアリングのうち2品はお茶にするなど、緩急を意識する」（ラペ／田中氏）、「甘みが穏やかで五味のバランスへの影響が少ないハチミツを使う」（sio／亀井崇広氏）など、各店がコース終盤までドリンクを楽しめるように工夫をこらしているのがわかる。

お茶の効用

今回取材した中で、お茶をドリンクの主軸に据えていたのは「sio」「NéMo」「てのしま」の3店。「NéMo」の根本憲一氏とドリンク担当の寺島唯斗氏は、「お茶は日本人に一番親しみやすい飲料。料理の邪魔をせず、日本食材を多く使う料理に合う」と口を揃える。「茶葉にはテロワールがあり、風味の幅広さがワインに近い」というのも各店共通の意見で、「sio」の亀井氏はさらに、「お茶は全般に苦みが基調で味の幅がやや狭いため、果汁やハチミツで五味を調整し、ハーブやスパイスで香りを重ね、風味に厚みを出します」と付け加える。

「てのしま」は、日本料理店ならではの理由でティーペアリングを選択した。「日本料理は調味に砂糖を使うため、ドリンクに甘みは極力使いません。自然とベースがお茶になります。中国茶、日本茶、ハーブティー約30種の他、山ウド、赤ジソ、セリなど自家製茶も季節替りで常備。さらに抽出温度で味わいが変わるため、思う以上にバリエーションは広いです」（てのしま／林 紗里氏）。

一方で、こんな意見も。「当初はお茶主体でしたが、すぐにモクテル主体に移行しました。お茶だけで満足感を生み、かつ自店の色を出すの

はなかなか難しいと感じたからです」（RESTAU K YAMAUCHI／山内賢一郎氏）。当然ながら、店の方向性次第でドリンクの選択も変わるということだ。

誰に向けてつくる？

近頃では好奇心から、または味が好きだからという理由でノンアルを注文するお客も増えてきた。とはいえ依然として、ノンアルドリンクのターゲットの中心は「お酒を飲めない」お客たちだ。各店はどのように対応し、販促につなげているか。

「CHOMPOO」では、東京・渋谷の商業施設内に立地し、アルコールを飲まない、飲めない若いお客が多数いることを踏まえ、ドリンクメニューの冒頭に色とりどりのモクテルを並べる構成に。視覚的効果も活用して注文への誘導を図る。

宗教的理由からアルコールを忌避する海外客のことも念頭に置き、ノンアルに力を注いできたのは「ルーラ」のキアー氏。2019年の開業当初から「コース価格にドリンク代を含み、かつアルコールとノンアルは同価格」のスタイルを採用し、ノンアルペアリングを主力商品へと育て上げた。

ノンアルのお客を迎える上で覚えておきたいことの一つに、「普段お酒を飲まないお客さまは、ペアリングという考え方自体に慣れていない場合がある」（IZA／芝先氏）という点がある。「銀座レカン」の近藤氏は、そうしたお客もペアリングの世界に無理なく入っていけるよう、「序盤では誰もが受け入れやすいペアリングを多くし、終盤に複雑さの度合いを高めたペアリングを提供する」ことを心がけるという。さらに、サービス面では製作の背景を含めたていねいな説明が大切だ、と芝先氏。「よくソムリエがワインの産地や生産者について熱く語りますよね。ノンアルもあれくらいの熱量があったほうが、絶対に楽しいです」（芝先氏）。

成功するノンアルメニューの秘訣

バーやドリンク業界において第一線で活躍し、
いち早くノンアルコールドリンクに取り組んできた4人のプロフェッショナルに
レストランでのドリンクの考え方とつくり方の秘訣を聞く。

レストランのノンアル、バーのノンアル

南雲主于三氏（フォークロア／スピリッツ＆シェアリング（株））、後閑信吾氏（The SG Club／SG Group）が口を揃えて指摘するのは、バーで提供するモクテルと、レストランで提供するノンアルドリンクでは、考え方やアプローチが異なるということ。端的に言うと、レストランにおいては「1杯ごとのまとまりを意識しすぎないこと」「すべてのドリンクに全力投球しないこと」の2点が、完成度を高めるコツだという。「ドリンク単体でバランスをとろうとしすぎると、料理と合わせた時にむしろアンバランスになることが多いです」（後閑氏）

「コース全品にドリンクを合わせるのは大変なことだと思いますが、大変なのは飲み手も同じ。たとえば料理8品に対してノンアル8杯は飲めない、ということはあり得ます。部分的に2皿に対して1杯にしたり、ごくシンプルで軽いお茶のようなものを挟んだり、緩急をつけた構成にするのがいいと思います」（南雲氏）

また、フルーツや野菜を使ったノンアルドリンクは日持ちがしない場合が多い。客数が限られるレストランでは鮮度を維持しづらいのも考慮が必要な点だ。「保存がきいて汎用性に優れたものを中心にするのがいいでしょう。コーディアルやシュラブ、濃縮コーヒーを常備し、炭酸水やトニックウォーターで割るなどが考えられます」（南雲氏）。

各種のシロップを自家製できればベストだが、それが難しい場合は、蒸留酒を加熱して（できれば再蒸留して）アルコール分を飛ばして活用するという手法も十分に有効。さらに、近年増えてきたノンアルコールスピリッツなども選択肢として考えられる。

そうした製品をベースに、「ある程度、"楽"をしながらオリジナルのドリンクを組み立てるのも一つの考え方」と話すのは「Low-Non-Bar」の高橋弘晃氏。「ノンアルコールジンは香りの成分が強いので、ボリューム感を出しやすい利点もあります。繊細な料理に合わせるなら濃度を薄めたり、トニックを炭酸水に変えたりすれば調整もしやすく、使いやすいアイテムです」。

学びたい、バーの技術

高橋氏は、モクテルにレモンやライムの香りが不要な場合は、クエン酸、リンゴ酸、酢酸などの食品添加物を使うと味の輪郭がはっきりし、好みの濃度に調整もしやすいとも話す。「柑橘の搾り滓が出ず環境負荷が少ないということもあり、世界のバーで広まっている手法です。とくに肉料理などには、柑橘のクエン酸よりヴィネガーに通じる酢酸の方がよく合うはずです」（高橋氏）。

他に、ノンアルドリンクに応用できる技法として「ウォッシング」がある。ある液体と牛乳を合わせると、液体に含まれるタンニンなどを吸着して牛乳のたんぱく質が凝固する。その凝固物を漉すと、液体は味、色ともにクリアーになる、というもの。本書でも「The SG CLUB」の永峯侑弥氏〔p.071〕や、「バーストロー」の赤坂真知氏〔p.073、p.083〕が使用しているので参照していただきたい。

近年、自家製する例が増えているコンブチャに

ミクソロジスト 南雲主于三氏が考える
ノンアルコールドリンクの構築法

ベースの考え方

ノンアルドリンクは基本的に2つ以上の材料を合わせてつくられる。
どんなドリンクをつくるか？ を考える際に、
押さえておくべきキーワードが以下の3つだ。

1
シーンを
想定する

一度の食事で何杯（種類）のドリンク
を提供するか想定する。コース料理と
合わせる場合、前菜には遊び心のあ
るユニークなもの、メインまでは食材
にやさしく寄り添うもの、デザート前に
はユニークな組合せ——といった緩急
をつける。料理の品数が多い場合は、
料理2品に対してドリンク1杯の提供
でも満足度は十分ある。逆に、すべ
ての料理にペアリングを意識したドリン
クを添えると、食べ手にとっては情
報量が過剰になることも。

2
テクスチャーの濃淡、
味の輪郭をつくる

テクスチャーは「質感（粘性）」と「液
体としての厚み（ボリューム感）」に分け
られる。糖分はテクスチャーをつくりや
すいが、甘いと飲み飽きる。そこで活
用したいのがお茶。濃く抽出したお
茶はとろみが出るし、強いタンニンに
よる収斂が感じられる。また、ビー
ツの土っぽさも厚みにつながる。反
対に、あえてテクスチャーを軽やかに
するのも◎。ただその場合も、「何を
飲んでいるか」を感じられる構成にし、
酸味などで味の輪郭をつくる。

3
味の複雑さを
構成する

どのようなシーンでおよそ何杯飲むか
により、複雑さの度合いをコントロー
ルする。味や香りの強い材料を中心
に据え、淡い材料を少しずつ加えてい
く。材料の組合せを考える際に、ワイ
ンのテイスティングノートは非常に役
立つ。なお、色と味はリンクしている
ので、同じ色合いの材料が好相性で
あることは多い。グラスの内側に香り
の強いものをスワリングしたり、材料
を層にしたりすると、飲み進むうちに
味が変化する構造になる。

味の構築方法

基本方針が定まったら、主軸となる材料、
それをサポートする材料を書き出し、
具体的にドリンクの構成を考えていく。
料理とのバランスと、以下の3つを踏まえた設計を。

1
対極

料理において、苦みの強いアユの肝
に清涼感のあるキュウリを合わせると
いった、相反する風味を合わせてバラ
ンスをとる考え方があるが、この手法
はドリンクにおいても◎。苦みがある
お茶とさっぱりとした柑橘の取り合わ
せはその一例だ。

2
打ち消し

これは料理とドリンクとの関係につい
ての考え方。揚げもののような油分の
多い料理に対し、口の中の油を洗い
流すドリンク、赤身の肉が持つ血の香
りを洗い流すドリンクというように、口
内をリセットすることを目的とした設計
とする。

3
相乗

ドリンクを同じ要素を持った材料を重
ねて構築する方法や、ドリンクに使っ
た食材の酸味を際立たせるためにクエ
ン酸や酒石酸を加える方法などがあ
る。また、料理が持つ風味をドリンク
に取り込むことで、口内での相乗効
果を狙うやり方も。

日本茶スペシャリスト 櫻井真也氏が考える
ペアリングドリンクとしてのブレンド茶の構築法

水出しはシャープで軽やか

茶葉を湯で抽出するとうまみや渋みがしっかりと出る分、料理と合いづらくなる。料理とのペアリングにおいては、シャープで軽やかな飲み口の水出し茶をベースに考えると組み立てやすい。水出し茶の分量の目安は水1Lに対し、煎茶は15〜20g、ほうじ茶などの香りの強いお茶は10g。抽出時間は8〜12時間、長くても16時間とする。「水出しは軽やか、お湯出しは厚みが出る」と覚えておこう。味わいに厚みや重みを出したい時は湯で抽出するとよい。

お茶の色＝味わいの印象

お茶の「黄色がかった（明るい）緑」→「濃いめの緑」→「番茶」「ほうじ茶」という水色（すいしょく）のグラデーションは、そのまま「さっぱり」→「重め」という味わいの変化に当てはまる。つまり、コースの1杯目は阿波晩茶のようなタンニンが少なく酸味も感じるお茶でスタートし、刺身には濃いめに淹れた煎茶、魚の焼きものには淡い水色の番茶を合わせ、肉の脂や血の香りはほうじ茶で洗い流す──というようにお茶の水色を基準にするとペアリングが考えやすい。

他素材と合わせる

日本茶は味わいがそこまで強くないものが多く、ほかの素材の風味と重ね合わせやすい。その素材とは、料理の付合せやアクセントに使っている食材やハーブ、スパイスだ。たとえば、刺身に添えるオオバやワサビ、肉のローストに使ったローズマリー、サラダに使ったレモンやミントなど。こうした素材の風味を合わせると、ともに口にする料理の味わいを高めることができるのはもちろん、料理とドリンクのペアリングの完成度を高めることにもつながる。

ついてはどうか。意外なことに南雲氏、後閑氏ともにほとんどつくっていないそうだ。南雲氏は次のように話す。「発酵のスペシャリストではない自分がどこまで自家製で香りをつくれるのか、私は懐疑的です。腐敗の危険もはらんでいるうえ、たとえ理想の味になったとしても、その状態を保てるのはほんの数日しかないですし、リスクもロスも多くなってしまいます」。

ちなみに、ノンアルドリンクの組み立てを考える参考として、南雲氏はそれぞれのジンに何が入っているかをまとめた専門書をすすめる。「ジンはボタニカルの集合体のようなお酒。ハーブやスパイスの相性、組合せ事例が載っており、ノンアルドリンクに使う食材の組合せのヒントになると思います」（南雲氏）。

海外からの関心が高い、日本茶

最後に、日本茶について。「櫻井焙茶研究所」の櫻井真也氏はアルコールとお茶の最大の違いを、「アルコールにはある味わいの『厚み』や『ボディー』がお茶は弱いこと」と話す。お茶を使って味わいに厚みやボディーがあるノンアルドリンクをつくるには、茶葉にハーブやスパイスを合わせたり、茶葉を複数ブレンドしたりする手法が考えられる。「茶葉を料理の副材料──日本料理であれば、刺身に添えるツマや薬味など──と合わせて抽出する方法もいいですね。ドリンクに料理の風味を取り込むと、料理の味わいを高めることができ、かつペアリングとしての完成度も高まります」（櫻井氏）。

お茶にはさまざまな品種がある。さらに、同じ品種であっても「深蒸し」「普通蒸し」「かぶせ」といった加工の違いで味わいも香りも異なる。もちろん淹れ方によっても味は変わる。まずはスタンダードな煎茶の水出しの風味を把握し、それを足がかりに、茶葉や加工による風味の違いを掘り下げていくといいだろう。「鮮やかな緑色の日本茶は日本特有の飲みもので、海外の方からの関心が非常に高まっています。そういう観点からも、日本のレストランにおいて日本茶を活用しない手はないと思います」（櫻井氏）。

本書の取材店 *各店のアドレスの下の数字は掲載ページを表します。

FARO

東京都中央区銀座8-8-3 東京銀座資生堂ビル10階

Tel. 03-3572-3911

https://faro.shiseido.co.jp

↳ 038、067、112、113

フュージブル

兵庫県神戸市中央区北長狭通5-1-13

Tel. 050-3204-3196

https://fusiblekobe.com

↳ 022、023、064、114

aki nagao

北海道札幌市中央区南3西3-3 G-DINING 1階

Tel. 011-206-1789

http://www.aki-nagao.com

↳ 042、043、065、087

野田 *初出時は「kiki harajuku」。2023年10月に現店名に変更。

東京都渋谷区神宮前6-9-9 アヴニール表参道1階

Tel. 070-3882-3150

https://www.instagram.com/nodaharajuku

↳ 010、058、108

てのしま

東京都港区南青山1-3-21 1-55ビル2階

Tel. 03-6316-2150

https://www.tenoshima.com

↳ 049、050、051

CHOMPOO

東京都渋谷区宇田川町15-1 渋谷PARCO 4階

Tel. 03-6455-0396

https://www.instagram.com/chompoo_shibuya

↳ 024、039、116、118

RESTAU K YAMAUCHI *現在閉店

https://www.instagram.com/kenichiroyamauchi

↳ 066、084、119

Pepe Rosso

東京都世田谷区代沢2-46-7 エクセル桃井1階

Tel. 03-6407-8998

https://www.peperosso.co.jp

↳ 099、100、101

茶禅華

東京都港区南麻布4-7-5

Tel. 03-5449-6778

https://sazenka.com

↳ 123〜131

銀座レカン

東京都中央区銀座4-5-5 ミキモトビル地下1階

Tel. 03-3561-9706

https://www.lecringinza.co.jp

↳ 088、089、090

NéMo

東京都港区南青山6-15-4 地下1階

Tel. 03-5962-6085

https://restaurantnemo.net

↳ 021、028、029

ルーラ

京都府京都市東山区石泉院町396

Tel. 050-3196-1433

https://lurrakyoto.com

↳ 080、110、111

プレゼンテ スギ

千葉県佐倉市白銀2-3-6

Tel. 043-371-1069

https://www.instagram.com/presente_sugi

↳ 053、104、105

JULIA

東京都渋谷区神宮前3-1-25

Tel. 03-5843-1982

https://www.juliahospitalitygroup.com

↳ 037、085、086